„Korsika ist eine der bezauberndsten Gegenden der Welt und trägt zu Recht den Namen ‚Insel der Schönheit'."

aus: Asterix auf Korsika

*Der Reisejournalist **Christian Nowak** lebt in Berlin. Für Korsika hat er schon seit Jahren ein Faible und hat für diesen Auftrag die Insel nochmals ganz neu erkundet.*

*Für den Fotografen **Elan Fleisher** war es die erste Begegnung mit der Mittelmeerinsel – aber sicher nicht die letzte, wie er nach mehreren Fotorecherchereisen verriet.*

Lieb... Leser!

Eine oder n... ...nten in einer verträumten Bucht – ganz so wie man e... S. 96/97 oder 98 sieht – aus dieser Perspektive habe ich Korsika schätzen gelernt. Es ist ein herrliches Gefühl in einer ruhigen Bucht zu ankern, ringsum das tiefblaue Meer und im Blick einen hübschen nahezu unberührten Sandstrand, dahinter dichtes Grün. Man hört nicht viel mehr als Wind und Wellen und das Kreischen der Möwen.

Vom Strand in die Berge

Zwar sind viele Buchten nur vom Meer her oder aber nach anstrengenden Fußmärschen erreichbar, doch gibt es auch diverse leicht zugängliche Traumstrände, die schönsten stellt der Autor dieses Bandes, Christian Nowak, auf S. 90f vor. Ebenso begeisternd wie die Strände ist das wilde dicht bewachsene Inselinnere. Für viele ist es ein Traum, einmal auf der GR 20 unterwegs zu sein, jenem legendären Wanderpfad, der die Inselmitte von Nord nach Süd durchläuft. Tatsächlich sollten sich nur geübte und gut trainierte Wanderer den rund 170 km langen Fernwanderweg zumuten, aber für alle anderen gibt es viele Alternativen. Mehr über Wanderungen auf Korsika erfahren Sie im DuMont Thema auf S. 72f.

Ein Ziel nicht nur für den Sommer

Da Korsika außer einer weitgehend unberührten Natur und feinsten Sandstränden auch hübsche Städtchen mit viel Flair zu bieten hat, wundert es nicht, dass die viertgrößte Mittelmeerinsel eines der Lieblingsziele der Deutschen ist. Rund 150000 deutsche Urlauber verbringen jedes Jahr ihre Ferien auf Korsika. Schönste Reisemonate sind für mich übrigens September und Oktober, wenn das Meer mit 20 Grad Wassertemperatur immer noch zum Baden einlädt und man die landschaftlichen Schönheiten fast für sich alleine hat.
Herzlich

Ihre

Birgit Borowski

Birgit Borowski
Programmleiterin DuMont Bildatlas

55 Entlang der Küste erinnern gemauerte Genuesentürme an die Herrschaft Genuas auf Korsika – auch jener an der Pointe de la Parata.

72 Der Wanderweg GR 20 ist ein ebenso attraktives wie anstrengendes Vergnügen. Doch auch für Mountainbiker hält das Inselinnere manche Herausforderung bereit.

98 Korsika ist ein Paradies für Wasserratten. Vielerorts verstecken sich kleine Buchten zwischen den Felsen und Strände locken zum Baden. Bei den Îles Lavezzi an der Südküste kommen Taucher und Schnorchler auf ihre Kosten.

Impressionen

Bastia und der Norden

Ajaccio und der Westen

Corte und das Inselinnere

UNSERE FAVORITEN

Best of ...

34 Bei Entdeckungstouren über Märkte und durch Restaurants lässt sich die Vielzahl der kulinarischen Köstlichkeiten entdecken – dabei sollte man unbedingt den korsischen Käse kosten.

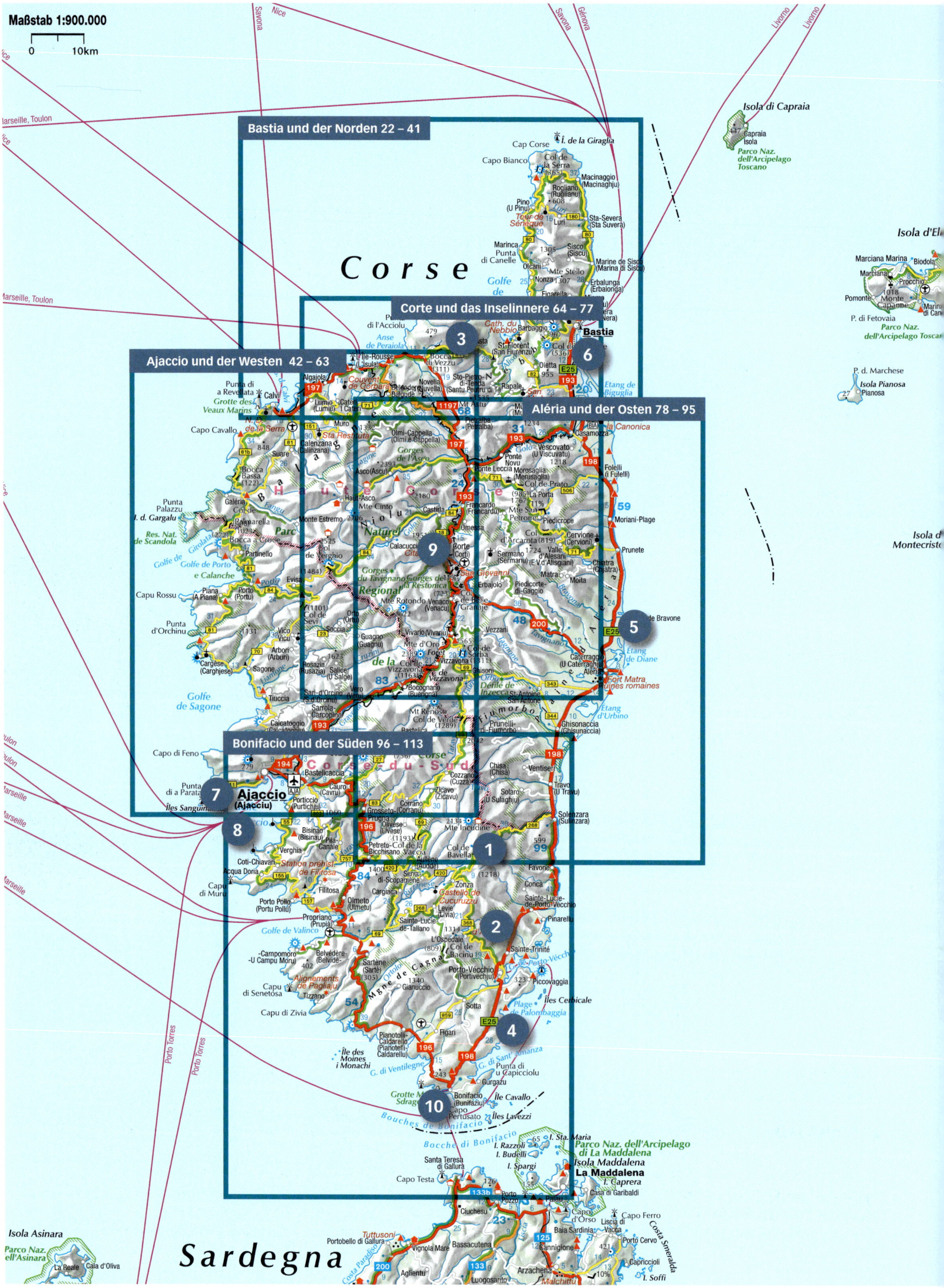

Maßstab 1:900.000
0
10km
Bastia und der Norden 22 – 41
Corte und das Inselinnere 64 – 77
Ajaccio und der Westen 42 – 63
Aléria und der Osten 78 – 95
Bonifacio und der Süden 96 – 113
Corse
Sardegna
Isola di Capraia
Parco Naz. dell'Arcipelago Toscano
Isola d'Elba
Isola Pianosa
Isola di Montecristo
Bastia
Ajaccio (Ajacciu)
La Maddalena
Parco Naz. dell'Arcipelago di La Maddalena
Isola Asinara
Parco Naz. dell'Asinara
Bouches de Bonifacio
Bocche di Bonifacio
Golfe de Sagone
Golfe de Valinco
Marseille, Toulon
Nice
Savona
Genova
Livorno
Porto Torres

Topziele

Die bedeutendsten Ziele auf Korsika haben wir hier für Sie zusammengestellt, sie stammen aus den unterschiedlichsten Gebieten. Auf den Infoseiten ist das jeweilige Highlight mit **TOPZIEL** *gekennzeichnet.*

NATUR

1 **Col de Bavella:** Die Felsnadeln am Col de Bavella gehören zu den aufregendsten Landschaften Korsikas. **Seite 95**

2 **Mare a Mare Sud:** Eine abwechslungsreiche mehrtägige Genusswanderung. **Seite 113**

STRÄNDE

3 **Plage de Saleccia:** Nicht ganz einfach zu erreichen, aber für diesen Traumstrand aus weißem Sand lohnt die Mühe der Anfahrt. **Seite 40**

4 **Plage de Palombaggia:** Türkisblaues Wasser, Sandstrand und Pinien – einfach wunderschön. **Seite 113**

GENIESSEN

5 **Étang de Diane:** Gerade eben aus der Lagune geholt und schon auf dem Tisch: Frischer als im schwimmenden Restaurant am Étang de Diane wird man Austern kaum bekommen. **Seite 94**

EINKAUFEN

6 **U Montagnolu, Bastia:** Alle Gaumenfreuden Korsikas in einem Laden: Käse, Schinken, aber auch Olivenöl und Kastanienmarmelade. **Seite 40**

7 **Märkte:** Wurst, Gemüse und vieles mehr gibt es direkt vom Erzeuger, auch auf dem schönsten Markt Korsikas, in Ajaccio. **Seite 63**

KULTUR

8 **Ajaccio:** Napoleon ist allgegenwärtig in Ajaccio. Sein Geburtshaus ist heute ein Museum. **Seite 62**

9 **Musée de la Corse, Corte:** Ganz Korsika in einem Museum, von den Anfängen bis in die Gegenwart. **Seite 75**

10 **Bonifacio:** Die Oberstadt von Bonifacio mit der Zitadelle wirkt auch heute noch mittelalterlich. Ihre Lage auf einem senkrecht zum Meer abbrechenden Kalksteinplateau könnte nicht spektakulärer sein. **Seite 112**

Zauberhaftes Spiel der Farben

Korsikas Küsten bieten immer wieder spektakuläre, postkartentaugliche Ansichten. Geradezu magisch wirkt dabei vielerorts das changierende Spiel der Farben – so wie in der Bucht von Rondinara, wo warmrote Felsen von türkisfarbenem Wasser umspielt werden. Noch ein Tupfen Grün dazu – und fertig ist das Meisterwerk.

Über Stock und Stein, Hängebrücken und wilde Bäche

Korsikas Vorzüge erschöpfen sich keineswegs in schönen Stränden oder kulinarischen Genüssen – die Insel bietet auch viele Gelegenheiten für sportliche Aktivitäten im Freien. Für Biker, Kapitäne und andere Outdoor-Abenteurer bietet sich ein Kaleidoskop an Möglichkeiten. Besonders spannend – auch für kleine Urlauber – sind Erkundungstouren durch Wälder wie den Foret de Bonifatu, über Stock und Stein und auf wackelnden Brücken über rauschende Bäche.

Zwischen Brocciu und Kastanien

„Qu'est-ce que c'est?“ Die freundliche Verkäuferin auf dem Markt wird einem bereitwillig erklären, was das ist und welche Leckereien an ihrem Stand zu entdecken sind; sie wird einen vom Brocciu probieren lassen, dem typischen korsischen Käse, dem Fromage de Chèvre. Und vielleicht gibt sie einem ja auch einen Tipp, wo man auf dem Markt weitere korsische Spezialitäten bekommen kann – die leckere Kastanienmarmelade etwa oder das besondere Olivenöl.

Parfums
VOYAGE
Pays Lointains

D.O.M SUB INVOC.S.JOANNIS BAPTISTÆ PATRONI PRINCIPALIS CIVITATIS
BI D47611

Im städtischen Hafenrund

Markant erhebt sich die Fassade von Saint-Jean-Baptiste über Bastias altem Hafen. Die beiden flankierenden Türme überragen die Häuserzeile, die sich idyllisch im Halbkreis um das Becken zieht. Den Charme der Terra Vecchia machen die Restaurants und Cafés aus, die sie beherbergen, aber auch die Gassen und Höfe, die sich zwischen den Gebäuden verbergen.

Wuchtige Bollwerke und malerische Häfen

Jachten dümpeln im Hafen von Bonifacio, nur das leise Klickklack der Takelage unterbricht die Mittagsstille. Da mag man kaum an die unruhigen Zeiten Korsikas zurückdenken, in denen Pisa, Genua und Frankreich um Macht und Einfluss auf der Insel kämpften. Bollwerke an der Küste und wuchtige Zitadellen aber zeugen von jener Zeit, in der es galt, sich zu wehren.

JEANNEAU
AEOLOS
4OL 570 D
SUN ODYSSEY
Performance

Auf Entdeckungstour am Strand

Endlich Ferien! Jetzt heißt es, an den Strand gehen, Muscheln suchen, baden. Dazwischen über die großen Steine hüpfen, die immer wieder kleine oder größere Landzungen zwischen den Buchten bilden. Im Naturschutzgebiet der Îles Lavezzi gibt es zudem reichlich Spannendes wie Fische und Krebse unter der Wasseroberfläche zu entdecken ...

Die besten Übernachtungsmöglichkeiten

Schlummern zwischen Bergen und Meer

Als Touristeninsel mit langer Tradition bietet Korsika für jeden Geschmack etwas, von luxuriös bis ausgefallen. An Campingplätzen und Ferienhäusern gibt es keinen Mangel. Oder soll es vielleicht doch lieber ein kleines, familiengeführtes Hotel sein? Oder ein Privatzimmer, eine Chambre d'Hôtes? Wer es ländlich mag, fragt nach Gites Ruraux, Ferienhäusern auf dem Lande.

1 Hôtel Demeure Castel Brando

Die Zimmer sind modern und komfortabel, wie man es von einem guten Hotel erwartet. Im Sommer erfreut auch der Pool. Doch erst wenn man es sich im Patio unter Palmen gemütlich macht oder durch den Park spaziert, zeigt das Castel seinen ganzen Charme, nämlich den einer herrschaftlichen Villa aus dem 19. Jahrhundert.

Hôtel Demeure Castel Brando, Erbalunga, Tel. 04 95 30 10 30, www.castelbrando.com

2 U Paradisu

Hier wartet das einfache Leben mit einem Schuss Robinsonfeeling. Inmitten eines grünen Gartens wohnt man in kleinen Häusern aus Naturstein, die sich harmonisch in die Landschaft einfügen. Ruhe ist garantiert, zu einem Traumstrand sind es nur wenige Meter. Nicht einmal um das leibliche Wohl muss man sich kümmern, denn die Häuschen werden auch mit Halbpension vermietet.

Camping U Paradisu, Plage de Saleccia, Tel. 06 16 97 75 62, http://camping-uparadisu.com

3 Hôtel Les Roches Rouges

Ein Belle-Époque-Hotel, umgeben von viel Grün, das sich auch nach seiner Sanierung noch viel von seinem alten Charme bewahrt hat. Im denkmalgeschützten Speisesaal scheint die Zeit stehen geblieben zu sein. Zudem werden Augen und Gaumen gleichermaßen verwöhnt, und der Blick von der Terrasse sucht seinesgleichen. Das Hotel liegt ca. 20 Minuten von der Plage d'Arone entfernt.

Hôtel Les Roches Rouges, Piana, Tel. 04 95 27 81 81, www.lesrochesrouges.com

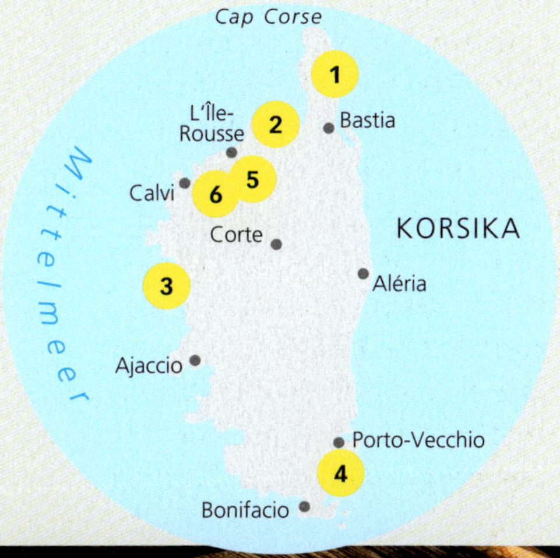

4 Hôtel Le Belvédère

Luxus in Perfektion, der seinen Namen verdient. Ob vom Infinity-Pool oder vom Restaurant, die Ausblicke auf Porto-Vecchio sind grandios. Und keine Angst vor Trubel, denn zwischen Hotel und Stadt schiebt sich das Meer. Luftige Architektur mit viel Holz und Naturstein, üppiges Grün mit Palmen, Eukalyptus und Pinien sorgen für Wohlgefühl.

Hôtel Le Belvédère, Route de Palombaggia, Porto-Vecchio, Tel. 04 95 70 54 13, http://hbcorsica.com/hotel-porto-vecchio.html

5 L'Hôtel A Spelunca

So hat also Kardinal Savelli zu Zeiten von Papst Pius IX. gewohnt. Beeindruckend die riesige Treppe, die zu den recht einfachen Zimmern führt. Insgesamt wirkt das Haus manchmal wie ein Museum. Nicht vergessen, einen Blick aus dem Fenster zu werfen, denn das verschachtelte Bergdorf Speloncato allein ist schon den Besuch wert.

L'Hôtel A Spelunca, Speloncato, Tel. 04 95 61 50 38, http://hotel-a-spelunca.com

6 Hotel Mare e Monti

Der Name ist ein wenig irreführend, denn zum Meer ist es ein gutes Stück, doch die Berge mit der dichten grünen Macchia besitzen auch ihren Reiz – und mittendrin die kleine Oase des Hotelgartens. Seit der Eröffnung 1962 haben illustre Gäste ihren Namen im Gästebuch hinterlassen. Palazzu nennen die Korsen solch ein Haus. Dieses kann mittlerweile auf eine knapp 150-jährige Geschichte zurückblicken. Die Lounge im ersten Stock mit den goldenen Tapeten und dem historischen Interieur stammt noch aus der Zeit Napoleon III. und würde jedes Museum stolz machen.

Hotel Mare e Monti, Feliceto, Tel. 04 95 63 02 00, ww.hotel-maremonti.com

Korsika en miniature

Der Norden Korsikas steckt voller Gegensätze. Rund um das Cap Corse vermag der Besucher im Kleinen zu erahnen, was ihn auf der Insel erwartet. Bastia, die Hauptstadt des Département Haute-Corse, gibt sich geschäftig. In den Badeorten Saint-Florent und L'Île-Rousse tummeln sich Sonnenanbeter an weiten Sandstränden, während die Steinwüstenlandschaft der Agriates erst noch entdeckt werden will.

Mit der Fähre gelangen Reisende innerhalb weniger Stunden von französischen oder italienischen Häfen in die Hauptstadt Bastia.

Die Place Saint-Nicolas in Bastia ist ein überaus beliebter Treffpunkt. Napoleon in römischer Toga bleibt Teil des Geschehens und behält den Überblick.

Die Häuserfassaden der Stadt, teils saniert, ziehen vor den Augen des Schiffspassagiers vorbei, der in den Hafen von Bastia einfährt. Für echte Fußballer aber zählen Tore mehr als Hafen und Ausblick.

Aus der Hitze der Stadt in die Kühle des Ethnografischen Museums. Das bietet sich an, erfährt man hier doch viel über die Geschichte der Stadt.

„Schon kam Korsika in Sicht des Schoners. Der Kapitän nannte die wichtigsten Punkte der Insel und (...) Miss Lydia (...) machte es (...) Vergnügen, deren Namen zu erfahren. Es gibt nichts Langweiligeres als eine namenlose Landschaft."

aus: Prosper Mérimée, Colomba

Napoleon soll Korsika allein am Duft der Macchia erkannt haben. Heute würde ihn seine Nase wohl im Stich lassen, zumindest wenn er mit einer der großen Fähren aus Savona, Genua oder Livorno in den Hafen von Bastia einlaufen würde. Denn wenn sich das Bugschott der Schiffe öffnet und Hunderte Autos in die engen Gassen der Stadt drängen, riecht es nur noch nach Abgasen, dann herrscht für kurze Zeit Ausnahmezustand. Deshalb entweder gleich durch den Tunnel auf die Schnellstraße, raus aus der Altadt und an den nächsten Strand oder – besser – das Auto abstellen und erst mal ankommen.

Der Nabel von Bastia

Das Eingewöhnen klappt am besten bei einem Kaffee oder Frühstück unter den Palmen und Platanen auf der Place Saint-Nicolas. Danach noch mit einem Gläschen des Traditionsapéritifs Cap Corse auf die Ankunft anstoßen, und schon kann der Stadtbummel beginnen. Kalliste, die Schöne, haben die Griechen Korsika genannt, dies gilt auch für die Hauptstadt des Département Haute-Corse. Viel südländisches Flair und auch wohltuende Gelassenheit verströmt die weite Place Saint-Nicolas, doch typisch korsisch wirkt sie nicht. Vielleicht liegt es an der Häuserfront im Hintergrund, die an Italien erinnert – kein Wunder bei der Geschichte der Stadt. Jedenfalls schlägt hier eines der Herzen von Bastia, auf dem Platz trifft man sich zum Sehen und Gesehenwerden, zum gemütlichen Plausch im Café, am Wochenende zum Stöbern auf dem Flohmarkt, zum Stadtfest und zu Konzerten im Pavillon. Auch die Boulespieler haben sich ein kleines Eckchen reserviert und werfen tagein, tagaus mit stoischer Ruhe ihre Kugeln. Darüber hinaus ist dies ein guter Treffpunkt für einen Shoppingausflug, denn die beiden Haupteinkaufsstraßen, der Boulevard Paoli und die Rue César Campinchi, sind nur wenige Schritte entfernt.

Denkmalbestanden

Erst Ende des 19. Jahrhunderts bekam die Place Saint-Nicolas ihr heutiges Gesicht, vergessen sind längst die Zeiten, als hier noch öffentliche Hinrichtungen vollzogen wurden. Kein Platz ohne Denkmal – wenn er so groß wie dieser ist, dürfen es auch gleich mehrere sein. Sie markieren wichtige Eckpunkte der Geschichte: Ohne Napoleon Bonaparte geht es auch in Bastia nicht. Wie ein kleiner Vorgeschmack auf Ajaccios Napoleonverehrung wirkt die tonnenschwere Statue aus feinstem Marmor. Der florentinische Bildhauer Bartolini gab dem

Schritte hallen in den abendlichen Gassen der Terra Nova, der Festungsanlage von Bastia.

Von der Mole im Vieux Port von Bastia fällt der Blick auf bunte Häuserfronten.

Über dem Vieux Port erheben sich die Doppeltürme der Fassade von Saint-Jean-Baptiste, die wie das Hafenrund samt den hier angesiedelten Restaurants in warmes Licht getaucht sind.

Noch unter dem Eindruck des Sonnenuntergangs lassen die Gäste in einem der Restaurants in Bastias Terra Nova den Abend ausklingen.

Special

Korsisches Bier

Ein ganz besonderes Bier

Bier aus Kastanienmehl? Nach dem deutschen Reinheitsgebot undenkbar. Doch die Korsen stört das nicht. Sie trinken mit Begeisterung ihr Pietra – und auch mancher Tourist kommt auf den Geschmack.

Traditionell trinken die Korsen lieber Wein als Bier. Doch das hat Armelle und Dominique Sialelli Anfang der 1990er-Jahre nicht davon abgehalten, über ein korsisches Bier nachzudenken. Sie haben getüftelt und getestet, dann war die Überraschung perfekt: Ein Bier aus Wasser, Malz und Kastanienmehl wollten sie brauen. Eine geniale Idee, denn die Kastanie ist seit ewigen Zeiten als Brotbaum in der korsischen Kultur verwurzelt. Pietra sollte das dunkle Gebräu heißen – eine Weltneuheit. Geschmack und Erfolg sollte den rührigen Erfindern recht geben, denn im Vergleich zum Produktionsbeginn 1996 in Furiani, einem Vorort von Bastia, brauen sie heute etwa 20 Mal so viel Bier (www.brasseriepietra.com). Mittlerweile haben die Sialellis die Produktpalette um ein klassisches blondes Bier, das Serena, und um das Weizenbier Colomba erweitert. Das Colomba ist wieder ein urkorsisches Produkt, das durch Myrte, Wacholder und die Früchte des Erdbeerbaumes den Geruch der Macchia mit dem von Bier kombiniert. Die Pietra-Biere sind aus Bars, Restaurants und Supermärkten nicht mehr wegzudenken.

Fast die ganze Produktion bleibt auf Korsika.

Kriegstreiber mit Hang zum Größenwahn einen gestählten Körper mit perfektem Sixpack und hüllte ihn in eine römische Toga. Zuversichtlich und siegessicher blickt er aufs Meer, bei guter Sicht müsste er sogar die Konturen der Insel Elba erahnen können, einer Insel, die ihm wenig Glück gebracht hat.

Und noch mehr schmerzliche Geschichte: An der Nordseite des Platzes erinnert das Denkmal der Kriegsgefallenen an die Soldaten im Deutsch-Französischen Krieg von 1870/71 und während der beiden Weltkriege, in denen Korsen für Frankreich kämpften und starben.

Italienisches Flair

Zwei winzige Leuchttürme, einer mit rotem, der andere mit grünem Dach, bewachen die Einfahrt zum Vieux Port, dem alten Hafen. Viel zu eng für die riesigen Fähren ist der Durchlass, deshalb tuckern heute nur noch Jachten und Fischerboote hinein. Dicht gedrängt liegen die Boote im kleinen Hafenrund, überragt von mehrstöckigen Häusern mit bunten Fensterläden, und im Hintergrund schieben sich die Ausläufer des fast 1000 Meter aufragenden Pinto-Massivs ins Blickfeld. Noch sind die hohen Häuser um den Vieux Port nicht alle saniert, und so wähnt man sich eher in einem kleinen, armen ligurischen Dorf

Rund um Cap Corse führt die Küstenstraße zu Orten wie Erbalunga mit seinem Genuesenturm (oben links, unten rechts), zu entlegenen Stränden wie jenem von Barcaggio (oben rechts) und dem Jachthafen des Fischerdorfes Macinaggio (unten) ganz im Nordosten.

an der Küste. Auf der Nordseite des Hafens liegt die Terra Vecchia, die Altstadt, mit engen Gassen und düsteren Häusern – ein wenig erinnert sie an Neapel. Die Häuserschluchten werden von der Fassade der Barockkirche Saint-Jean-Baptiste überragt, dem Wahrzeichen Bastias. Hier lag einst die Keimzelle der Stadt, der Hafen des Bergdorfes Cardo, von dem aus im Mittelalter Wein nach Pisa verschifft wurde. Erst durch die Genuesen gewann der Hafen von Cardo an Bedeutung. Sie errichteten auf der Südseite des Vieux Port eine Zitadelle und die Terra Nova, die neue Stadt. Und sie gaben dem Ort auch gleich einen neuen Namen: Bastiglia, im Italienischen das Wort für Festung, auf Ligurisch Bastia. Im Vergleich zur ärmlichen Altstadt war

Cap Corse, der „Zeigefinger" Korsikas, lässt schon viel von der Schönheit der Insel erahnen.

die Terra Nova prunkvoll, hier wohnten die reichen Genuesenfamilien, und im Zentrum der Macht thronte der Gouverneurspalast, denn damals war Bastia Inselhauptstadt.

Romantiker erklimmen die Stufen zur Zitadelle am späten Nachmittag und warten in einem der Restauants mit Aussicht hoch über der Stadt auf den Sonnenuntergang. Andere bleiben lieber im alten Hafen, wo sich ein Restaurant ans andere reiht, diese locken mit sündhaft teuren Meeresfrüchteplatten, aber auch günstigen Touristenmenüs auf den Speisekarten. Das Angebot ist groß, die Auswahl fällt schwer. Spätestens wenn es dunkel wird, strömen aber alle zum Vieux Port, und so ist bis spät in die Nacht kaum ein Platz zu bekommen. Hier bleibt einfach jeder gerne ein bisschen länger sitzen.

Pilgerziel in Gelb und Orange: Sainte-Julie in Nonza zieht Wallfahrer an.

Einige Ausdauer verlangt die Anfahrt durch die Steinwüste der Agriates, bis schließlich der urwüchsige Strand Saleccia mit seinem weißen Sand und dem azurblauen Wasser erreicht ist.

Der Strand von Nonza ist seines anthrazitfarbenen Sandes wegen bekannt.

Die Häfen und Badebuchten am Cap Corse laden geradezu dazu ein, immer wieder mal eine Pause einzulegen und die Sonne zu genießen.

Ganz Korsika an einem Tag

Geht das? Ja, bei einer Fahrt um die Halbinsel Cap Corse. Der schmale Zeigefinger Korsikas ist abwechslungsreich und lässt schon viel von der Schönheit der Insel erahnen. Auf kurviger Straße geht die Fahrt anfangs durch die Vororte von Bastia, bald entlang der relativ flachen Ostküste. Dann auf holpriger Piste zum nördlichsten Punkt, dem Cap Corse, mit Blick auf die winzige Île de la Giraglia aus grünem Serpentingestein, gekrönt von einem Genuesenturm aus dem 16. Jahrhundert und einem Leuchtturm. An der felsigen Westküste reicht der Platz oft kaum für die Straße, die gebirgige Mitte ist von Macchia überwuchert und nur dünn besiedelt. Von den Häfen an der Ostküste sind die toskanischen Inseln zu sehen, kein Wunder also, dass sich die Menschen hier schon früh zu Italien hingezogen fühlten und mit Genua, Livorno, Marseille und Pisa Handel trieben. Bauern kultivierten und terrassierten die Berghänge des Cap Corse, Seeleute brachten Wein, Öl, Kork, Zitrusfrüchte und Holz nach Italien. Diese Verbindungen haben im Laufe der Zeit Spuren in der Sprache und der Architektur hinterlassen.

Doch diese Zeiten sind längst vorbei, die meisten landwirtschaftlich genutzten Flächen werden heute von der Macchia überwuchert, denn große Teile der Bevölkerung sind, um Armut und harter Arbeit zu entfliehen, abgewandert. In den Bergdörfern ist es ruhig geworden, und die winzigen Häfen haben keine wirtschaftliche Bedeutung mehr. Selbst die Langustenfischerei, einst ein einträgliches Geschäft, ist heute mühsam geworden. Alle Hoffnungen ruhen deshalb auf dem Tourismus. Die Dörfer in den Bergen haben es schwer, die meisten Besucher kommen nur auf eine Stippvisite, staunen über die Ursprünglichkeit, trinken einen Kaffee, werfen einen Blick in die Kirche, schauen den Alten kurz beim Boule zu und fahren dann doch wieder an die Küste.

Wie eine gute Zukunft aussehen könnte, macht Erbalunga vor.

Wie eine gute Zukunft aussehen könnte, macht Erbalunga vor. Sein Kapital sind die auf einem Felsen eng gedrängten Häuser, der Genuesenturm am Ende der Landzunge, ein kleiner Hafen mit Fischerbooten, ein Gourmet-Restaurant, Bars und Souvenirläden sowie ein Hotel. Für Abwechslung ist ebenfalls gesorgt: Es gibt Ausflüge für Aktive sowie das Festival de Musique d'Erbalunga, das der jungen Musikszene Mitte August für ein paar Tage eine Bühne bietet.

Erfolgreiche Finte

Im Jahr 1768 belagerten die Franzosen den Festungsturm von Nonza an der Westküste. Der unabhängige Staat von Pasquale Paoli war zwar schon am Ende, doch in dem kleinen Dorf regte sich noch heftiger Widerstand. Die Franzosen vermuteten eine kleine Armee im Turm und erklärten sich zu Verhandlungen bereit. Der alte Hauptmann Giacomo Casella forderte von den Belagerern freien Abzug, den diese ihm dann auch zusicherten. Daraufhin verschwand er im Turm, kam mit seinen Waffen zurück und machte sich auf den Weg zu den versprengten Truppen Paolis. Er hatte sie alle genarrt, denn er war die ganze Zeit allein im Turm gewesen.

Spätfolgen des Asbestabbaus

Nonza gilt als Geburtsort der Schutzpatronin Korsikas, der heiligen Julia; ihr zu Ehren wurde im 16. Jahrhundert die

Das Thema Wein beherrscht die Nordausläufer des Nebbio-Gebirges: In den Weingütern lässt sich hier verkosten, ...

... was in der weiten Rebenlandschaft um Patrimonio gedeiht.

Saint-Florent zieht mit seiner bezaubernden Altstadt und dem Hafen viele Touristen an.

L'Île-Rousse ist ein beliebter Badeort.

Lebhaft geht es in L'Île-Rousse zu. Wer Strandtrubel sucht, ist hier genau richtig.

Kirche Sainte-Julie errichtet. Doch auch die heilige Julia konnte nicht verhindern, dass Nonza zum Schauplatz des größten Umweltfrevels Korsikas wurde. Das Trauerspiel begann 1928 mit der Entdeckung großer Asbestvorkommen in der Gegend, die bis 1965 ausgebeutet wurden. Seitdem verschandelt das stillgelegte Asbestwerk die Küste. Viele der damaligen Arbeiter leiden wegen fehlender Schutzmaßnahmen an gesundheitlichen Spätfolgen. Wer von dem kleinen Dorf, das sich hoch über dem Meer an einen steilen Felsen klammert, auf den Strand blickt, dem fällt sofort die dunkelgraue Farbe auf, die nicht zu den anderen Stränden passen will. Er besteht aus Abraum aus dem nahen Asbestwerk – keiner weiß, wie viele Tonnen hier aufgeschüttet wurden. Dieser Strand ist mindestens einen Kilometer lang – und selbst im Sommer fast immer menschenleer. Ob das Baden hier gesundheitsschädlich ist, weiß niemand oder will keiner sagen, eine Sanierung ist nicht in Aussicht. So werden die Besucher Nonzas, immerhin eines der schönsten Dörfer Korsikas, wohl auch künftig nur einen Blick von oben auf den Strand werfen.

Am Rande der Wüste

Saint-Florent, die Hauptstadt des Nebbio, hat sich mit Haut und Haaren dem Tourismus verschrieben. Im Sommer explodiert das kleine Städtchen förmlich. Schnittige Segelboote und mondäne Jachten verstopfen den Port de Plaisance, auf der Hafenpromenade flaniert der Reichtum, fließt der Champagner in Clubs und Bars in Strömen. Damit das so bleibt, wirbt Saint-Florent ganz unbescheiden als das Saint-Tropez Korsikas für sich.

Vielleicht nicht ganz so mondän, aber ähnlich lebhaft geht es in L'Île-Rousse zu. Der Stadtstrand ist chronisch überfüllt, in der Altstadt drängen sich die Restaurants und außerhalb breiten sich die Feriensiedlungen, Hotels und Villen aus. Wer Strandtrubel sucht, ist hier genau richtig.

Zwischen Saint-Florent und L'Île-Rousse wartet das Kontrastprogramm, die Désert des Agriates – eine Wüste aus Stein und Macchia. Die imposante Felslandschaft ist fast unbewohnt, nur wenige Allradpisten führen in sie hinein. Kaum zu glauben, dass sich hier noch vor 100 Jahren fruchtbares Land ausbreitete und Weizen, Oliven, Feigen, Wein und Obst angebaut wurden. Brände und starker Wind verwandelten das Gebiet in eine Wüste, die teils von dichter Macchia überwuchert wird. Die 35 Kilometer lange Küste gilt noch als Geheimtipp.

Wer sich wie Robinson fühlen will, kommt mit dem Boot, lässt sich auf einer der Buckelpisten durchschütteln oder sucht auf dem Küstenweg die Einsamkeit.

KORSIKA KULINARISCH

Mehr als Käse und Kastanien

Die korsische Küche ist bodenständig, einfach und herzhaft. Den intensiven Geschmack verdankt sie den Kräutern der Macchia. Streifzüge über Korsikas Märkte und durch die Restaurants vermitteln am besten die reiche Vielfalt.

Austern aus Aléria, Ziegen- und Schafskäse aus den Bergen, Wurst aus der Alta Rocca, Kastanien aus der Castagniccia, Auberginen aus Bonifacio – die Auswahl an landestypischen Spezialitäten ist groß.

Eindrucksvolle Märkte

Stimmungsvoll ist es, den kulinarischen Streifzug durch die Cucina Corsa auf einem der Wochenmärkte zu beginnen. Es gibt sie in Bastia, Bonifacio, Porto-Vecchio oder auch in L'Île-Rousse, doch der schönste Markt findet auf der Place César Campinchi in Ajaccio statt. An den Ständen türmen sich verschiedene Käse-, Wurst- und Schinkensorten, die so in kaum einem Supermarkt zu finden sind. Da gibt es Lonzu, gesalzenes, gepfeffertes, mit Wein eingeriebenes und geräuchertes Schweinefilet, oder Coppa, gerollten und geräucherten Schweinekamm, und natürlich Prisuttu, den herrlich würzigen, rohen Schinken. Figatellu ist eine grobe, geräucherte Wurst aus Leber und Speck, gewürzt mit Nelken, Knoblauch und Rotwein.

Die Qualität der Würste und Schinken liegt vor allem in der Haltung der Tiere begründet. Schafe und Ziegen werden auf Weiden gehalten oder dürfen ganz frei herumlaufen und fressen gerne Macchiakräuter. Schweinefleisch stammt oft von verwilderten Hausschweinen, die ebenfalls frei herumstreifen und sich gerne an Kastanien satt fressen.

König Käse

Der bekannteste Käse Korsikas ist der Brocciu, ein Frischkäse aus Schafs- oder Ziegenmilch. Der Molkenkäse kommt auch konserviert mit Salz und dann würziger als Vieux Brocciu in den Handel. Käse wird häufig von Kleinbauern hergestellt und auf Märkten oder in Spezialitätenläden verkauft. Die handlichen Laibe sind gelb, braun oder grau, oft rissig und verschrumpelt, und in der Regel werden sie nur nach Schafskäse (Fromage de brebis) und Ziegenkäse (Fromage de chèvre) unterschieden. Schon Asterix und Obelix haben den korsischen Käse mit blumigen Worten angeboten bekommen: „Dieser hauchzarte Duft nach Thymian und Mandeln, Feigen und Kastanien und dieser Hauch von Kiefer, diese leichte Andeutung von Beifuß, diese Ahnung von Rosmarin und Lavendel – ach, meine Freunde, dieser Duft! ... Das ist Korsika!"

Drei-Gänge-Menü mit Tradition

Doch das Angebot der Märkte will ja auch verkostet werden. Vorspeise, Hauptgericht und Nachspeise müssen es dabei schon sein, ein richtiges Essen wird zelebriert und zieht sich deshalb auch über längere Zeit

Ohne die typischen Spezialitäten Korsikas probiert zu haben, sollte niemand die Insel verlassen. Dazu gehören der süße „Cap Corse" wie auch der fachmännisch geschnittene rohe Schinken.

Der korsische Käse vereint verlockende Düfte und Geschmacksnoten in sich – auch beim Schafskäse greift man gerne zu.

Drei Gänge müssen es schon sein – ein richtiges Essen wird zelebriert und zieht sich deshalb auch über längere Zeit hin.

Was zuerst probieren auf den großen korsischen Märkten wie jenem von Ajaccio? Ohne den typischen Käse zumindest ist kaum eine korsische Mahlzeit denkbar.

hin. In der Regel kann man in Restaurants unter mehreren Gerichten je Gang wählen.

Als Aperitif sind Pastis, Cap Corse, der Myrtenlikör Murtellina und der Kastanienlikör Castagnja beliebt. Als Vorspeise steht fast immer die Charcuterie Corse auf der Speisekarte, eine Auswahl an Coppa, Lonzu, Figatellu und Prisuttu. Alternativ kommen eine kräftige Pastete (Terrine de Sanglier), eine Suppa Corsa, ein gehaltvoller Eintopf mit Kartoffeln, Bohnen, Zwiebeln und Speck, oder Cannelloni al Brocciu infrage.

Beim Hauptgang wird es für Vegetarier schwierig, denn es wird häufig mit Fleisch oder Fisch gekocht. Auch wenn in den Küstenstädten Fischmenüs mittlerweile einen festen Platz auf der Speisekarte haben, so zählen doch eher Wildschwein (sanglier), Lamm (agneau) und Zicklein (cabri) zu den traditionellen Zutaten für ein gutes Essen. Gerne gegessen wird auch der Eintopf Stifatu. Als Nachspeise beliebt sind würziger Schafs- und Ziegenkäse, ein Stück Brocciu mit Feigenmarmelade, Fiadone, die korsische Interpretation des Käsekuchens, die Torta Castagnina, ein süßer Kuchen aus Kastanienmehl, oder Fritelli, in Olivenöl gebackene Krapfen. Zum Abschluss gibt es dann noch ein Glas süßen Muscat und natürlich einen Espresso.

Kulinarisch reisen: Straßen der Sinne

Um Touristen zu Abstechern ins Landesinnere zu animieren, hat das korsische Fremdenverkehrsamt zehn Straßen der authentischen Sinne, die **Routes des sens authentiques**, ausgearbeitet. Entlang der Routen kann man die unterschiedlichsten landwirtschaftlichen Kleinbetriebe besichtigen und deren Produkte kaufen. Mit etwas Zeit wird man wahre kulinarische Schätze entdecken, etwa kalt gepresstes Olivenöl, verschiedene Honigsorten oder auch selbst gemachte Kastanienmarmelade. Bei den jeweiligen Touristenbüros sind entsprechende Faltblätter erhältlich für: Alta Rocca, Balagna, Capicorsu–Nebbiu–Custera, Castagniccia, Centru di Corsica, Costa Serena, Dui Sevi, Dui Sorru-Cinarca, I Trè Valli, Valincu Rocca Sartinesi, Vallée du Taravu.

Wacholder, Rosmarin, Basilikum, Fenchel und Myrte, aber auch Knoblauch: Gewürze gehören einfach zur korsischen Küche und versprechen höchste Gaumenfreuden …

Maßstab 1:280.000
0 3 6km
MITTELMEER
Cap Corse
Capo Grosso
Capo Bianco
Barcaggio (U Barcaghju)
Tour d'Agnello
Île de la Giraglia
Tollare
Centuri-Port (Cinturi Portu)
Cannelle (E Canelle)
Moulin Mattei
Col de la Serra
Rogliano (Rughjanu)
Macinaggio (Macinaghju)
Îles Finocchiarola
Rés. Nat. des Îles Finocchiarola
Santa Maria
Morsiglia (Mursigliu)
M. di e Catello
Tomino (Tuminu)
Marine de Meria (Marina di Meria)
Capu Corvoli
Golfu Alisu
Marine de Scalo (Marina di Scalu)
Pino (U Pinu)
Tour de Sénèque
Col de Sta Lucia
Luri
Santa Severa (Santa Suvera)
Punta Minerviu
Marine de Giottani (Marina di Giottani)
Porticciolo (U Purticciolu)
Tour de Losse
M. Alticcione
Cagnano
Pietracorbara
Marine de Pietracorbara (Marina d'Ampuglia)
Punta di Canelle
Canari
Sisco
Ste Catherine
Marine de Sisco (Marina di Siscu)
Tour de Sacro
M. Stello
Nonza
Olmeta-di-Capocorso
Erbalunga (Erbalonga)
Sta-Maria-di-Lota
Corniche
San-Martino-di-Lota
Golfe de St-Florent
Ville-di-Pietrabugno
Serra di Pigno
BASTIA
Citadella
St-Florent (San Fiurenzu)
Cath. du Nebbio
Col de Teghime
Furiani
Biguglia
Réserve naturelle de l'Étang de Biguglia
Étang de Biguglia
Aéroport de Bastia (Poretta)
Punta Mortella
Punta di Curza
Punta di Mignola
Punta di Malfalcu
Punta di l'Acciolu
Désert des Agriates
M. Genova
Cima d'Ifana
La Balanina
Cima di Pedi Pilato
Nebbio
Sto-Pietro-di-Tenda (Santu Petru di Tenda)
M. Astu
M. Ambrica
M. Negru
Ogliastro
L'Île Rousse (Isula Rossa)
Île de la Pietra
Punta di Vallitone
Algajola
Monticello (U Munticellu)
Sant' Antonino (Sant'Antoniu)
Couvent de Corbara
Punta Spano
Punta Caldanu
Calvi
Golfe de Calvi
Golfe de la Revellata
Punta di la Revellata
Grotte des Veaux Marins
Savona, Génova
Marseille, Toulon, Nice
Nice
Marseille, Toulon
Nice, Toulon
Savona

Korsikas Norden – für jeden etwas

Für viele ist die Hafenstadt Bastia die erste Begegnung mit der Insel der Schönheit. Von hier reckt sich die Miniaturausgabe Korsikas, die Halbinsel Cap Corse, wie ein grüner Finger in Richtung Norden. Abwechslungsreich geht es weiter, mit den beliebten Badeorten Saint-Florent und L'Île-Rousse und dem kargen Désert des Agriates.

1 Bastia

Um 1380 von den Genuesen gegründet, bis ins 18. Jh. Inselhauptstadt und seit 1975 Verwaltungssitz des Départements Haute-Corse, ist Bastia (43 000 Einw.) heute Wirtschaftszentrum und bedeutendster Hafen Korsikas. Touristisches Zentrum ist der alte Hafen, eingerahmt vom mittelalterlichen Stadtkern (Terra Vecchia) und dem Festungsviertel Terra Nova.

SEHENSWERT

Gegenüber vom Hafen erstreckt sich die 300 m lange, von Palmen und Platanen gesäumte **Place Saint-Nicolas,** die Ende des 19. Jhs. angelegt wurde. Die Cafés am Platz sind ein beliebter Treffpunkt. Die **Oratoire Saint-Roch** mit üppiger barocker Innenausstattung in der Rue Napoléon ist dem Schutzpatron gegen die Pest, dem hl. Rochus, gewidmet (tgl. 8.00 bis 19.00 Uhr). Nur ein paar Schritte weiter liegt die **Oratoire de L'Immaculée Conception,** die Kirche der Unbefleckten Empfängnis (tgl. 8.00–19.00 Uhr), ebenfalls mit barocker Innenausstattung, Damast, Gold und Marmor. Die doppeltürmige **Kirche Saint-Jean-Baptiste,** größte Kirche Korsikas und Wahrzeichen der Stadt (Mo.–Sa. 8.00–12.00 und 15.00–19.00, So. 8.00–12.00 Uhr), erhebt sich über dem malerischen Vieux Port, der mit seinen vielen Restaurants Touristen magisch anzieht. Von der Südseite des Hafens steigt man zur **Zitadelle** und zum **Gouverneurspalast** auf.
In der Zitadelle liegen noch zwei weitere Kirchen, die **Cathédrale Sainte-Marie-de-l'Assomption,** Anfang des 17. Jhs. im Stil des genuesischen Barock umgebaut (Mo.–Sa. 8.00 bis 12.00 und 14.00–17.30, So. 8.00–12.00 Uhr) sowie die kleine Kapelle **Oratoire de la Confrérie de la Sainte-Croix** (Mai–Sept. Mo.–Sa. 9.00–12.00 und 15.00–19.00 Uhr, sonst kürzer). Beide Kirchen lohnen den Besuch vor allem wegen ihrer üppigen Barockausstattung. Bei der Kathedrale führt eine Treppe zum Meer und zum Miniaturmuseum **Village Miniature,** das den Nachbau eines korsischen Dorfes zeigt (April–Mitte Okt. tgl. 9.00–12.00 und 14.30–17.30 Uhr).

MUSEUM

Das **Musée de Bastia** (Place du Donjon, www.musee-bastia.com, Juli/Aug. tgl. 10.00–18.30 Uhr, Mai/Juni, Sept. Mo. geschl., sonst kürzer) im Gouverneurspalast zeigt Stadtgeschichtliches.

AKTIVITÄTEN

Canyoning, Reitausflüge, Tauchgänge oder Wandertouren sind nur einige Angebote von **Objectif Nature** (3, Rue Notre-Dame-de-Lourdes, www.objectif-nature-corse.com), einem vielseitigen Veranstalter für Aktivurlaub.

UNTERKUNFT

Alle 36 Zimmer des **€ € / € € € Hôtel L'Alivi** (Route du Cap, www.hotel-alivi.com, 1 km nördl. des Jachthafens) sind modern, klimatisiert und haben Meerblick. In einem sanierten Haus aus dem 19. Jh. mitten in der Stadt befindet sich das **€ / € € Hôtel Central** (3, Rue Miot, www.centralhotel.fr). Die 18 Zimmer und 5 Suiten sind elegant und liebevoll eingerichtet. Der große **€ Campingplatz San Damiano de la Marana** (Lido de la Marana, www.campingsandamiano.com) liegt in einem Pinienwald an der Etang de Biguglia direkt am Meer und hat Strandzugang.

Tipp

San Michele de Murato

Sie zählt zu den kleinen Kirchen Korsikas, doch wegen ihrer Lage (475 m über dem Tal des Bevinco) und der Fassade aus Kalkstein und grünem Serpentin bleibt sie in Erinnerung. Das Kirchenschiff schließt eine halbrunde Apsis ab, die Westfassade ist vom Turm beherrscht. Typisch für den Stil der pisanischen Romanik des 13. Jhs. sind die umlaufenden Blendbögen sowie die Reliefs mit Tier- und Menschendarstellungen.

In Bastia kann man in nostalgischem Ambiente einkaufen – z. B. in der Boutique Mattei.

Tipp

Boutique Mattei

Vor über 100 Jahren hat Louis Napoleon Mattei den Aperitif Cap Corse erfunden. Aus süßem Muskatwein und herber Chinarinde mixte er einen Klassiker, der bald in jeder Bar der Insel zu finden war. Seit 1900 wird der Aperitif auch im Laden in Bastia an der Place Saint-Nicolas verkauft. Die nostalgische Einrichtung stammt noch aus der Gründerzeit. In einem der Wandschränke sind die Plagiate aufgereiht, die der Traditionsmarke Cap Corse Konkurrenz machen wollten. Erfolg hatten sie nicht!

RESTAURANTS

Am alten Hafen reiht sich ein Restaurant ans andere. Das **€ / € € Côté Marine** (2, Rue de la Marine, Tel. 04 95 33 66 65) überzeugt mit korsischer Küche und moderaten Preisen. Im **€ € Chez Huguette** (Rue de la Marine, Tel. 04 95 31 37 60) kommen Liebhaber leckerer Meeresfrüchte auf ihre Kosten, zum vorzüglichen Essen gibt es den Blick auf den alten Hafen. Das **€ € / € € € A Casarella** (6, Rue Ste-Croix, Tel. 04 95 32 02 31) bietet gleich zwei Terrassen und typisch korsische Küche. Wer günstiger speisen will, geht ins **€ / € € Chez Vincent,** bestellt Pizza und genießt die Aussicht.

EINKAUFEN

Im **U Muntagnolu** TOPZIEL (15, Rue C. Campinchi, Tel. 04 95 32 78 04, tgl. 9.00–20.00 Uhr) entscheidet die Nase mit über den Einkauf – es riecht herrlich nach Wurst und Käse. Weitere Verlockungen sind beispielsweise Honig, Olivenöl und Kastanienmarmelade. Guy Ceccini, der sein Handwerk in Grasse gelernt hat, destilliert Knospen, Blüten und Blätter der Insel und füllt den Duft der Macchia in schöne Flakons. Wer sich auch zu Hause noch am Duft Korsikas erfreuen will, kauft im **Musée du Parfum Cyrnarom** (29, Av. Emile Sari, Tel. 04 95 31 39 30, Mo.–Sa. 9.30–12.00, 15.30–19.30 Uhr) „Macchjedu". Jeden Samstag und Sonntag bieten die Bauern ihre Waren auf dem **Markt** der Place de l'Hôtel de Ville an. Sonntagvormittag findet auf der Place Saint-Nicolas ein **Flohmarkt** statt.

UMGEBUNG

Die größte Lagune Korsikas, **L'Etang de Biguglia,** liegt südlich von Bastia und erstreckt sich über ca. 11 km fast bis zur Mündung des Golo und hat eine Fläche von ca. 1500 ha. Seit 1994 ist sie als Réserve Naturelle geschützt: Schlammfelder und Salzwiesen bilden ein Biotop für Wasservögel und ein Rastgebiet für Zugvögel. Von der Lagunenstraße D 107 hat man wegen der dichten Vegetation allerdings selten einen freien Blick auf den See. Zum Meer hin besitzt der Landstreifen einen schönen Strand, die **Plage de la Marana.**

Tipp

Mit Blick aufs Meer

Früher patrouillierten die Zöllner auf dem Sentier des Douaniers, heute umrunden Wanderer auf dem Küstenweg die Spitze des Cap Corse. Wer genügend Kondition für eine achtstündige Wanderung mitbringt, kann den ganzen Weg von Macinaggio bis Centuri in Angriff nehmen. Aber auch ein früherer Ausstieg an den Stichstraßen in Barcaggio, Tollare und Capo Grosso ist möglich. Panoramablicke auf Klippen und herrliche Strände sind garantiert.

Korsikas Norden bietet traumhafte Ausblicke. Allgegenwärtig: Boule-Spieler

INFORMATION

Office de Tourisme de Bastia,
Place Saint Nicolas, Bastia,
Tel. 04 95 54 20 40, www.bastia-tourisme.com

2 Cap Corse

Rund 40 km lang und 15 km breit ragt die Halbinsel Cap Corse ins Meer. Der bis zu ca. 1300 m hohe, zentrale Bergrücken lässt nur wenige Querverbindungen zu, deshalb liegen die meisten Dörfer an der 110 km langen Küstenstraße.

SEHENSWERT

Einige Kilometer nördlich von Bastia lohnt ein Abstecher in das Bergdorf **San Martino-di-Lota,** vor allem wegen des weiten Blicks auf die Küste. Das erste sehenswerte Küstendorf ist **Erbalunga** mit Genuesenturm, kleinem Hafen, alten Häusern und Restaurants. **Pietracorbara** lohnt besonders wegen des Sandstrands einen Stopp. In **Macinaggio** sorgt der größte Jachthafen des Cap Corse für Leben. Hier biegt die Straße ins Landesinnere ab; überwiegend schlechte Stichstraßen führen an die Nordspitze nach **Barcaggio** und **Tollare.** Wieder an der Küste wartet das Postkartendorf **Centuri-Port,** im Zentrum der Langustenfischerei werden die Delikatessen frisch zubereitet. Auch **Nonza,** kühn auf einem Felsen 200 m über dem Meer gelegen, ist malerisch, leidet aber unter den Folgen des Asbestabbaus.

AKTIVITÄTEN

Die **Tauchschule Dollfin** (Marine de Sisco, www. dollfin-capcorse.fr) verleiht auch Fahrräder und Kajaks.

UNTERKUNFT

Die 19 luxuriösen Zimmer und sechs Suiten des **€ € / € € € Hôtel Demeure Castel Brando** (Erbalunga, www.castelbrando.com) liegen in einer Villa aus dem 19. Jh. und in einem Neubau. Der **€ Camping U Stazzu** (Macinaggio, Route de la Plage de Tamarone, http://camping-u-stazzu.jimdo.com, Mai–Sept.) ist ein einfacher, ruhiger Platz.

RESTAURANTS

Auf der Terrasse des **€ € La Corniche** (San-Martino-di-Lota, www.hotel-lacorniche.com) sitzt man unter Kastanienbäumen und schaut aufs Meer. Vorzüglich ist das dreigängige Menu Terroir. Von außen eher unscheinbar, wirkt **€ € € Le Pirate** (Erbalunga, www.restaurantlepirate.com, Jan./Feb. geschl.) innen elegant. Gourmet-Restaurant mit Sterne-Auszeichnung.

INFORMATION

Office de Tourisme Macinaggio, Port de Plaisance, Macinaggio, Tel. 04 95 35 40 34, www.macinaggiorogliano-capcorse.fr

3 Saint-Florent

Von den Genuesen im 15. Jh. gegründet, war Saint-Florent lange ein Fischerdörfchen mit 1700 Einwohnern. Im Winter gilt das noch, doch im Sommer verzehnfachen Touristen diese Zahl.

SEHENSWERT

In der Altstadt und am Hafen drängen sich Cafés, Restaurants, Boutiquen und Souvenirläden. Ein kurzer Fußweg führt hinauf zur Ruine der kleinen **Zitadelle** (16. Jh.). Die **Cathédrale Santa Maria Assunta,** ein romanischer Bau aus dem 12. Jh., liegt rund 1 km außerhalb.

STRAND

Einer der Traumstrände Korsikas ist die **Plage de Saleccia** TOPZIEL**,** eine Bucht mit blauem Wasser. Im Sommer starten mehrmals tgl. Ausflugsboote ab Saint-Florent (Tel. 04 95 37 19 07, Mobil 06 62 16 23 76, Abfahrtszeiten im Touristenbüro). Die 12 km lange Piste, die von der D 81 Richtung Küste in den Désert des Agriates abzweigt, ist nur für Allradfahrzeuge geeignet.

UNTERKUNFT

Nur rund 500 m vom Zentrum entfernt und an einem Kiesstrand liegt das **€ € Hôtel Dolce Notte** (Route de Bastia, www.hotel-dolce-notte.com). Die teureren Zimmer mit Meerblick und Balkon oder Terrasse lohnen sich. Wer sich von der Plage de Saleccia nicht losreißen kann, übernachtet auf dem **Campingplatz U Paradisu** (www.camping-uparadisu.com).

RESTAURANT

Besonders nobel speist man im **€ € € Hotelrestaurant des La Roya** (Route La Plage, Tel. 04 095370040, www.hoteldelaroya.com), dessen korsische Küche einen Michelin-Stern erhielt.

UMGEBUNG

Mehr als 20 Weingüter haben sich im Nebbio um das kleine **Patrimonio** angesiedelt. Auf den Kalkhügeln gedeihen Qualitätsweine wie der aus der Nielluccio-Traube gekelterte Rotwein oder der weiße Vermentino. Eine gute Wahl für eine Degustation ist die prämierte Domaine Catarelli an der D 80 Richtung Marine da Farinole.

INFORMATION
Office de Tourisme de Saint-Florent, im Postgebäude an der D 81 nach Norden, Saint-Florent, Tel. 04 95 37 06 04, www.corsica-saintflorent.com

4 L'Île-Rousse

Ihren Namen verdankt die Kleinstadt mit 3000 Einwohnern der vorgelagerten rötlichen Felseninsel. Sie wurde vom Freiheitskämpfer Pasquale Paoli 1758 als Konkurrenz zu Calvi und Algajola gegründet. Wegen seiner Sandstrände ist der Ort sehr beliebt.

SEHENSWERT
Herz der Stadt ist die **Place Paoli** mit der Marmorbüste des Stadtgründers. Vom Platz schaut man auf den **Stadtstrand,** der im Sommer überlaufen ist. In der **Markthalle** wird Regionales angeboten. Hier beginnt der Bummel durch die kleine Altstadt, den man über den Damm bis zum **Genuesenturm** und zum **Leuchtturm** fortsetzen kann.

AKTIVITÄTEN
Am Meer liegt der 7 ha große **Parc de Saleccia** (www.parc-saleccia.fr, 4 km von L'Île-Rousse an der N 197 Richtung Bastia, Juli, Aug. tgl. 10.00 bis 19.30 Uhr, sonst kürzer). Auf den Themenwegen lernt man Korsikas Pflanzen kennen.

HOTEL
€ € / € € € Das **Hôtel Santa Maria** (Route du Port, Tel. 04 95 63 05 05, www.hotelsantamaria.com) ist ein modernes Hotel am Jachthafen.

RESTAURANTS
Charmant und nostalgisch wirkt das Traditionscafé **Café des Platanes** (Place Paoli, Tel. 04 95 60 00 36). Seinen Drink kann man unter Platanen vor der Tür nehmen. Das Traditionsrestaurant **€ / € € L'Escale** (Rue Notre-Dame, www.hotelilerousse.com) mit Terrasse liegt hinter der Markthalle. Es gibt Muschelspezialitäten.

UMGEBUNG
Zur **Plage Anse de Peraiola** von L'Île-Rousse auf der N 197 östlich bis Ogliastro fahren, dort nach L'Ostriconi abbiegen und oberhalb der Bucht parken (ca. 14 km). Ein kurzer Abstieg führt zu einer traumhaft schönen Bucht mit feinem Sand. Rund 8 km südwestlich thront das malerische Dorf **Pigna** auf einem Felsen. Die rund 100 Einwohner sind fast alle Kunsthandwerker. Treffpunkt ist die Casa Musicale, die Konzerte, Workshops, aber auch das Festival Festivoce organisiert (www.casa-musicale.org).

INFORMATION
Office de Tourisme de L'Île-Rousse, Avenue J. Calizi, l'Île-Rousse, Tel. 04 95 60 04 35, www.balagne-corsica.com

Genießen Erleben Erfahren

DuMont Aktiv

Durch die Stille spazieren

Das Ruinendorf Occi liegt auf einem Hügel, 377 Meter über dem Meer. Was für ein Panorama: Der Blick reicht vom Golf von Calvi bis zum kleinen Hafen von Saint-Ambroggio! Im Hintergrund erheben sich die Berge der Balagne.

Die heiße Sommersonne macht auch diesen kurzen Ausflug zu einem schweißtreibenden Erlebnis. Schon am Beginn des Aufstiegs, der über einen gestuften Maultierpfad führt, ist der verlassene Ort zu sehen. Zwei knorrige, uralte Eichen spenden kurz vor den ersten Häusern wohltuenden Schatten. Rund ein Dutzend verfallener Häuser krönen den Hügel. Vegetation macht sich mittlerweile in den engen Gassen breit, und die Häuser sind nur noch Gerippe aus Natursteinen, denn das Holz ist längst verrottet. Von hier aus reicht der Blick bis zur Küste, und nur manchmal wird die Stille durch die Geräusche der Autos im Tal gestört.

Wie sähe Occi heute aus, wenn es früher eine Straßenanbindung gegeben hätte? Würden dann noch Menschen hier leben? Vermutlich nicht, denn die kargen Hügel bieten keine gute Lebensgrundlage. Seit dem 12. Jahrhundert haben Menschen hier oben gelebt, es waren bis zu 150 Bauern, die Viehzucht und Ackerbau betrieben. Doch dann sind immer mehr Menschen aus wirtschaftlicher Not weggezogen. Beim Spaziergang durch die wenigen Gassen des Dorfes steht man irgendwann vor der kleinen Kirche. Sie ist das einzige intakte Gebäude in Occi, liebevoll restauriert von einem Förderverein mit dem Geld des französischen Models Laetitia Casta, deren Vater aus dem nahen Dorf Lumio stammt.

Weitere Informationen
Start: Der Aufstieg beginnt an der D 71 gegenüber vom Camping Panoramic oder in Lumio am Restaurant Chez Charles, beide Varianten dauern etwa 20 Min. Der Weg von der D 71 ist nicht ganz so steil.

Umgebung: Von April bis Oktober befährt die Schmalspurbahn Tramway de Balagne mehrmals tgl. die Strecke Calvi–L'Île-Rousse. An den schönsten Stränden gibt es Haltestellen, auch bei Lumio.

Einfach atemberaubend: Occis Ruinen thronen über dem Meer.

Im Rausch der Farben

Von Wind und Wetter zerfressene Felsen und schöne Sandstrände warten an der Westküste. Im Hinterland wellt sich die fruchtbare Balagne mit ihren uralten Dörfern, die wie Adlerhorste auf Bergrippen thronen. Die heiteren Küstenstädte Calvi und Ajaccio werden von Zitadellen aus genuesischer Zeit beherrscht. Calvi würde sich gerne als Geburtsort von Kolumbus sehen, während in Ajaccio Napoleon Bonaparte immer noch der große Held ist.

Bei Piana, das nahe Porto in den Bergen liegt, breiten sich die roten Felsen der Calanche und die Bucht vor den Augen aus.

Durch die besondere Atmosphäre einer Zitadellenstadt und mit seinen langen Sandstränden (rechts, rechts unten) ist Calvi das beliebteste Ferienzentrum Korsikas. Im Hafenviertel hat die Kirche Sainte-Marie-Majeure ihren Platz (unten). Südlich an der Küste entlang gelangt man von hier zum Golfe de Girolata (ganz rechts).

Christoph Kolumbus hat Amerika entdeckt. Eigentlich nur durch Zufall, denn eigentlich wollte er nach Indien – und genau genommen hat er es auch nur wiederentdeckt, denn 500 Jahre vor ihm war höchstwahrscheinlich schon der Isländer Leif Eriksson dort. Soweit sind sich die Historiker einig, doch wenn man nach Kolumbus' Geburtsort fragt, beginnt das große Rätseln, ob er nun Spanier, Italiener, Portugiese oder Franzose war. Lange schien Genua die besten Argumente zu haben und verwies auf das Testament des genuesischen Seefahrers in spanischen Diensten. Doch die Korsen sind felsenfest von ihrer Version überzeugt, wonach Kolumbus in Calvi geboren worden sei. Sie führen die angeblichen Reste seines Geburtshauses in der Zitadelle an, und um ihren Anspruch zu untermauern, haben sie kurzerhand eine Straße und einen Platz nach ihm benannt.

Calvi – die Stadt und ihre Umgebung gelten als die Côte d'Azur Korsikas.

Seit dem 550-jährigen Jubiläum der Entdeckung Amerikas 1992 gibt es an der Außenmauer der Zitadelle auf der Place Christophe Colomb eine Bronzebüste in einem halben Boot. Da bis jetzt selbst die gentechnische Untersuchung seiner Knochen keine eindeutige Klärung brachte, darf sich Calvi wohl noch eine Weile als Geburtsort des großen Entdeckers fühlen.

Die Côte d'Azur Korsikas

Eigentlich hat Calvi das Heischen nach Aufmerksamkeit gar nicht nötig, denn die Stadt und ihre Umgebung gelten als die Côte d'Azur Korsikas. Die mächtige Zitadelle thront weithin sichtbar auf einem ins Meer ragenden Felsen und gilt

Steile, zerklüftete Felsen, rot im Abendlicht schimmernd, bestimmen den Charakter der Bucht im Golfe de Porto.

Besonders malerisch und fotogen gibt sich der Genuesenturm von Porto auf seinem Fels, wenn man sich ihm vom Wasser aus nähert (rechts). Der Fluss Porto hat sich durch die Gorges de Spelunca (ganz rechts) gewunden, ehe er bei der Stadt Porto ins Meer mündet.

Des Wasservergnügens wegen kommt man an den felsumstandenen Kieselstrand von Bussaglia, der nahe bei Porto liegt.

Macchia

Special

Borstiges Grün

Die Macchia ist typisch für die Mittelmeervegetation, aber selten ist sie so üppig wie auf Korsika. Rund die Hälfte der Insel ist von diesem immergrünen Buschwald bedeckt, der zwischen zwei und fünf Meter hoch wird. Die meisten Pflanzen der Macchia besitzen kleine Blätter und Dornen, um die Verdunstung gering zu halten und sich vor Fressfeinden zu schützen. Vom Meer bis auf rund 1000 m Höhe wächst die Macchia, begünstigt durch Abholzung, Überweidung und Waldbrände. Ohne diese Einflüsse würde sich auf lange Sicht der Steineichenwald auf der Insel durchsetzen. In heißen Sommern vertrocknet selbst die Macchia, doch im Frühjahr blühen die Pflanzen in allen Farben, und viele verströmen wegen der ätherischen Öle einen intensiven Duft.

mit der von Bonifacio als imposantestes Bauwerk aus der Genuesenzeit. Auch der Jachthafen und der Quai Landry am Fuß der Festungsmauern brauchen sich vor der Côte d'Azur auf dem Festland nicht zu verstecken. In den Bars und Restaurants herrscht im Sommer Hochbetrieb, hier trifft man sich abends nach einem Strandtag in der Bucht von Calvi. Dass es am Quai eher mondän als volkstümlich zugeht, überrascht angesichts der meist großen Jachten im Hafen nicht.

Korsikas Garten – die Balagne

Zwischen den beiden Touristenzentren Calvi und L'Île-Rousse erstreckt sich die Balagne. Eingeklemmt zwischen zwei wüstenhaften Gebieten, dem Désert des Agriates im Nordosten und der Balagne déserte im Südwesten, breitet sich ein fruchtbares Hügelland bis zu den Gebirgen Zentralkorsikas aus. Dank der guten Böden gedeihen im Garten Korsikas Zitrusfrüchte, Oliven und Vermentino-Trauben der Spitzenklasse. Doch selbst hier können die Menschen kaum noch von der Landwirtschaft leben, deshalb sind viele in die Städte oder gleich aufs Festland gezogen und haben ihre Felder der Macchia überlassen.

Die meisten Touristen bleiben an der Küste, genießen Sonne und Meer und lassen sich mit der kleinen Küstenbahn jeden Tag zu einem anderen Traumstrand bringen. Nur wenige machen sich ins Hinterland auf, zu den kleinen Dörfern mit uralten, windschiefen Häusern aus Natursteinen, die oft wie Adlernester auf Bergrippen und Hügelkuppen thronen. Früher waren die rund zwei Dutzend Dörfer der Balagne durch den Anbau von Zitronen, Clementinen, Orangen und Mandeln relativ wohlhabend, heute sind die landwirtschaftlichen Erzeugnisse zwar immer noch gefragt, doch eine wirtschaftliche Bedeutung haben sie kaum noch. Nur der Tourismus bietet eine Chance, dass die wunderschönen Dörfer nicht noch weiter überaltern und sich entvölkern.

Sant'Antonino macht vor, wie es geht. Privilegiert durch seine einmalige Lage knapp 500 Meter über dem Meer, lohnt schon der Rundumblick den Ausflug hierher: Er reicht bis zur Küste und den Bergen des Montegrosso. Die ganze Küste im Blick, war es für die Bevölkerung früher ein Leichtes, seeräuberische Sarazenen rechtzeitig auszumachen und sich in der uneinnehmbaren Festung zu verbarrikadieren. Bis heute ist die mittelalterliche Wehrarchitektur des Dorfes erhalten geblieben. Tagesausflügler kommen auch gerne nach Sant'Antonino, um durch die engen Gassen zu schlendern, einen Cafè au lait zu trinken oder in den Kunsthandwerkerläden zu stöbern. Die

Die Häuser der Stadt Cargèse ziehen sich mit ihren roten Dächern die Hänge des nördlichen Golfs von Sagone hinauf.

Stimmungsvoll ins Sonnenlicht getaucht: die roten Felsen der Calanche bei Piana.

Ikonosta in der Église grecque von Cargèse.

Die Église grecque von Cargèse ist reich und farbenfroh mit Ikonen und Fresken geschmückt.

Auszeichnung „Les plus beaux villages de France“ erhalten nur wenige Dörfer, auf Korsika tragen sie nur Sant'Antonino und Piana am Golf von Porto.

Achtung: Piraten!

Neben den Festungen, die die Hafenstädte bewachten, errichteten die Genuesen ab dem frühen 16. Jahrhundert an den Küsten auch eine lückenlose Kette von Wehrtürmen. Ungefähr 150 dieser runden Minifestungen mit Regenwasserzisterne und Lebensmittellager soll es gegeben haben. Knapp die Hälfte hat die Jahrhunderte, wenn auch oft in schlechtem Zustand, überdauert. In erster Linie auf vorspringenden Felsen und Halbinseln wurden sie errichtet, sodass der nächste Turm immer in Sichtweite war. So ließ sich die Nachricht von Piratenüberfällen schnell verbreiten. Entlang der Küste sind alle Genuesentürme rund, nur die von Nonza im Norden und Porto sind viereckig. Lange hat man deshalb geglaubt, dass diese aus pisanischer Zeit stammen, doch auch sie wurden – nur früher – von den Genuesen errichtet.

Der Genuesenturm von Porto thront besonders malerisch auf einem von Wind und Wellen zerfressenen roten Granitfelsen, was ihn vor allem direkt vor Sonnenuntergang zum Postkartenmotiv macht. Zudem ist er einer der wenigen restaurierten Türme und in seinem Inneren beherbergt er eine Ausstellung über die Befestigungen an der korsischen Küste.

Steinerner Märchenwald

Nur wenige Kilometer sind es von Porto nach Piana, aber die haben es in sich, denn sie zählen zu den schönsten der Insel. In vielen Kurven schlängelt sich die Straße durch die eigentümliche Felslandschaft der Calanche de Piana, überall möchte man anhalten und atemlos schauen, muss aber weiterfahren, denn Parkbuchten sind rar. Trotzdem sollte man unbedingt aussteigen und das Gebirge der kariösen Steine erkunden. Schon in Porto sind nicht der Ort oder der Strand die größte Attraktion, sondern die roten, zerfressenen Felsen der Steilküste, die bei Sonnenuntergang regelrecht zu glühen anfangen. Noch viel dramatischer ist die Calanche de Piana, hier erreichen die Verwitterungen, die Steine wie Bienenwaben aussehen lassen, ihren Höhepunkt. Geologen nennen dieses Phänomen Tafoni-Bildung: Sie entsteht durch Sickerwasser, das ins Gestein eindringt, Mineralien auflöst und es so von innen nach außen verwittern lässt. Die Reste werden durch Wasser ausgespült oder vom Wind weggeblasen, wodurch unzählige bizarre, kugelförmige Bröckelhöhlen entstehen.

Sinfonie der Farben

Je nach Tageszeit erscheinen die Felsen in allen Rot-, Rosa- und Brauntönen, wer nur etwas Fantasie besitzt, erkennt allerlei Gesichter und Figuren. Einer Legende nach sollen die Tafoni sogar ein Werk des Teufels sein. Auch Guy de Maupassant (1850–1893) muss die Calanche de Piana tief beeindruckt haben, denn sowohl in seinem Roman „Une vie“ (Ein Leben) als auch in seinen Inselchroniken

Man möchte überall anhalten in der Calanche de Piana und atemlos schauen.

Ajaccio: Die großzügig angelegte Place Général de Gaulle lädt zum Spielen ...

... und Chillen ein und schafft den Übergang von der Altstadt zu neueren Vierteln.

Die palmenbestandene Place Maréchal Foch in Ajaccio grenzt an den Hafen.

Die Figur Napoleons auf der Place d'Austerlitz in Ajaccio ist eine Replik der Statue aus dem Invalidendom in Paris.

hat er den Wald aus purpurnem Granit beschrieben: „Zunächst hielt ich erstaunt vor diesen beeindruckenden, 400 Meter hohen Granitfelsen inne, welche fremd, gequält, gekrümmt, und angefressen von der Zeit, unter den letzten Feuern der Abenddämmerung blutend, alle Formen annahmen, einem Märchenvolk ähnlich, das von einer übernatürlichen Macht zu Stein verwandelt worden war. Ich erkannte mal zwei stehende Mönche von enormer Größe, mal einen sitzenden Bischof, seinen Stab in der Hand, Mütze auf dem Kopf und von erstaunlicher Gestalt, mal einen zusammengekrümmten Löwen am Wegesrand, mal eine ihr Kind stillende Frau und mal einen riesigen Teufelskopf, welcher gehörnt und Grimassen schneidend, ohne Zweifel der Wächter der in Stein gefangenen Menschenmenge war."

Noch dramatischer müssen die Calanche de Piana auf den korsischen Dichter Pierre Bonardi (1887–1964) gewirkt haben: „Felsen des Gemetzels, ein letztes Aufbäumen blutverschmierter Gladiatoren, eine ganze Armee von vor Blut triefenden Tieren und Männern sind dort, dem Stoß des Monte-Cinto und des Monte Rotondo Widerstand leistend."

Präsenter Herrscher ...

In Ajaccio begegnet man Napoleon I. auf Schritt und Tritt. Seine Präsenz ist so auffällig, dass man sich irgendwann fragt, womit der französische Kaiser diese unverblümte Huldigung eigentlich verdient hat. Der berühmteste Sohn der Stadt wurde am 15. August 1769 in relativ beengten Verhältnissen in einem Stadthaus nicht weit von der Zitadelle geboren. Doch schon mit neun Jahren verließ er die Stadt seiner Ausbildung wegen in Richtung Festland. Seine weiteren Aufenthalte in Ajaccio waren nicht unbedingt von Liebe geprägt und kurz. Immerhin machte er seine Geburtsstadt 1811 zur Hauptstadt Korsikas, negierte aber gleichzeitig ihre Autonomieansprüche. Nicht gerade beliebt machte er sich durch die Zwangsrekrutierung Tausen-

Entspannter Shoppingtag in Ajaccio auf dem Cours Grandval

Nicht weit von der Place Général de Gaulle und dem daran anschließenden Cours Grandval entfernt tagt das korsische Parlament, die Assemblée de Corse.

Die Plage Saint-François ist einer der Stadtstrände Ajaccios. Westlich schließt sich bald die Route de Sanguinaires mit weiteren Stränden an.

Die Kathedrale Notre-Dame-de-la-Misericorde von Ajaccio, auf kreuzförmigem Grundriss errichtet, erinnert an byzantinische Kunst.

Special

Polyphoner Gesang

Wiedergeburt der Polyphonie

Authentische korsische Kultur erlebt seit zwei, drei Jahrzehnten mit den einzigartigen polyphonen Gesängen in korsischer Sprache einen Boom.
Auf den Festivals in Korsika und inzwischen auch bei Tourneen in der ganzen Welt ist eine typische Musik zu erleben, die Jahrhunderte lang fast vergessen war: die überwiegend von Männern vorgetragenen polyphonen Gesänge, die mit nichts sonst vergleichbar sind. Sie erinnern etwas an gregorianische Kirchenmusik, und viele Lieder haben auch eine spirituell-religiöse Konnoation; vor allem die Gottesmutter Maria wird besungen. Aber auch der Befreiungskampf ist ein häufiges Thema. Gruppen wie I Muvrini aus dem Dörfchen Tagliu Isulaccia haben dafür gesorgt, dass diese traditionellen Gesänge, die lange als „bäuerlich“ abgetan wurden, inzwischen als einzigartiges korsisches Kulturgut anerkannt sind. Drei Hauptstimmen tragen den Gesang:

A-cappella-Gesang à la Corse

Bass, Bariton und Tenor, die in unzähligen Variationen umeinander kreisen und immer wieder in wohlklingenden Harmonien zueinander finden. Heute sind auch Frauenstimmen und Instrumentalbegleitung nicht mehr tabu. Dem Aufbruch mit I Muvrini folgten Gruppen wie A Filetta oder Barbara Furtuna, die heute der bekannteste Musikexport der Insel sind. Vor allem Konzerte in Kirchen vermitteln eine besondere Stimmung.

der Korsen für seine Armee. Auch sein Bruder Lucien war für negative Schlagzeilen gut, als er einen Aufstand in der Castagniccia blutig niederschlug. Als Napoleon mit seinen Großmachtplänen gescheitert war und 1814 abdanken musste, war die Freude in Ajaccio groß und die Leute versenkten seine Büste im Hafen.

... und verehrter Konsul

Heute ist sein Geburtshaus in der Rue Saint-Charles ein Museum, die Casa Buonaparte. Vor dem Besuch ist oft Schlangestehen angesagt, denn das kleine Haus kann den Besucheransturm kaum bewältigen. Originale aus seiner Zeit hat es nicht zu bieten, denn der Familienwohnsitz wurde zwar über Generationen vererbt, aber auch oft neu eingerichtet.

Im Rathaus huldigt man dem überaus berühmten Korsen mit Devotionalien wie der bronzenen Totenmaske. Auf der Place de Gaulle zeigt er sich mit seinen vier Brüdern im Stil eines römischen Imperators, auf der Place Maréchal Foch gibt er den Ersten Konsul, mit Löwen zu seinen Füßen. Höhepunkt des Napoleonkults ist die Place d'Austerlitz: Seine „Heldentaten“ vor ihm in Stein gemeißelt, wacht er am Ende einer Triumphtreppe auf einem Sockel mit strengem Blick und Dreispitz über seine Geburtsstadt. Als Dank an ihn und seine Sippe

Ruhig dümpeln die Jachten im Hafen von Ajaccio (ganz oben).
An der Route de Sanguinaires liegt auch die Plage La Macumba mit feinem Sand (oben).

Fröhliche Schönheiten an der Plage Trottel, einem weiteren Stadtstrand von Ajaccio

Von der Pointe de la Parata an der Route de Sanguinaires blickt man zu den Îles Sanguinaires, während die Wellen an die Felsen schwappen.

Ajaccio ist ein schöner, fotogener und lebhafter Ort mit mildem Klima und Stadtstränden.

gibt es auch noch den Cours Napoléon, die Rue Bonaparte, die Rue du Roi de Rome, die Rue Letizia und die Rue du Cardinal Fesch.

In der Nachfolge

Der gegenwärtige Chef des Hauses Bonaparte, Prinz Charles Napoléon, auch Napoléon VII. genannt, hat nur einige Jahre in der Lokalpolitik der Insel mitgemischt und sich dann aber frustriert auf das Festland abgesetzt, um seine politische Karriere im Gemeinderat von Nemours fortzusetzen. Und auch die bürgerlichen Bonapartisten haben mittlerweile nur noch an Festtagen ihren Auftritt, wenn sie unter Blaskapellenmusik in ihren mit Orden behängten Uniformen und zeitgenössischen Kostümen durch die Stadt ziehen.

Ajaccio ohne Kult

Auch wer irgendwann Napoleons überdrüssig ist, wird Ajaccio mögen: wegen Korsikas größter Kunstsammlung im Musée Fesch, dem bunten Markt auf dem Square Campinchi und der Einkaufsstraßen Cours Napoléon und Rue du Cardinal Fesch. Ajaccio ist ein schöner, fotogener und lebhafter Ort mit großzügigen Plätzen, Palmen und Platanen, mildem Klima und einem Strand unterhalb der Zitadelle. Das gefiel schon den Engländern, die sich hier im 19. Jahrhundert niederließen.

AUTONOMIE

Unabhängigkeit um jeden Preis?

Seit 1769 gehört Korsika zu Frankreich. Mitte der 1970er-Jahre begannen die Front de Libération National de la Corse (FLNC) sowie zahlreiche Splitter- und Nachfolgegruppen ihren Kampf um ein unabhängiges Korsika. Bis heute ist keine Lösung in Sicht.

Bis ins korsische Alltagsleben hinein ist das Wappen der Insel, das Symbol der Freiheitskämpfer, präsent.

Auf T-Shirts, Kaffeetassen und vielen anderen Souvenirs ist er zu finden, der schwarze Männerkopf mit krausem Haar und weißem Stirnband. Er ist das Wappen der Insel, Teil der korsischen Identität und Freiheitssymbol. Im 13. Jahrhundert tauchte der Kopf erstmals im Wappen des Königs von Aragon auf, 200 Jahre später war er dann das Symbol der korsischen Anführer. Danach verliert sich die Spur des Maurenkopfes, erst im 18. Jahrhundert bei der Belagerung Bastias durch General Gaffori tauchte er wieder auf und wurde schließlich offizielles Wappen und Symbol der korsischen Freiheitskämpfer. Bis heute ist dies so geblieben – und auch die FLNC identifiziert sich mit dem Maurenkopf.

Gründung der Befreiungsfront

Die Wurzeln der Unabhängigkeitsbewegung reichen bis in die 1960er-Jahre zurück, der starre Pariser Zentralismus, der fehlende wirtschaftliche Aufschwung nach dem Zweiten Weltkrieg und die Unterdrückung der eigenen Sprache waren die Hauptgründe der wachsenden Unzufriedenheit unter den Korsen. Das Fass zum Überlaufen brachte schließlich die Ansiedlung von rund 18 000 Algerien-Franzosen, den sogenannten pieds-noirs, den Schwarzfüßen. Sie bekamen das fruchtbare Schwemmland im Osten der Insel und begannen im großen Stil mit dem Weinanbau, aber auch mit der Weinpanscherei. Die Korsen fühlten sich durch die Ansiedlung der Algerien-Franzosen wiederum benachteiligt und von Frankreich bevormundet, was zu einer Radikalisierung führte, die 1976 in der Gründung der nationalen Befreiungsfront Korsikas (FLNC) gipfelte. Die Mitbegründer wählten dafür einen hochsymbolischen Ort, nämlich das Kloster Saint-Antoine de la Casabianca, wo schon Pasquale Paoli 1755 die Unabhängigkeit Korsikas proklamiert hatte. Zu ihren Forderungen zählten Autonomie, Bewahrung und Förderung der korsischen Sprache und Kultur sowie der Schutz der Natur und die Verhinderung der „Balearisierung“ der Insel. „A Terra Corsa a i Corsi“ – Korsika den Korsen – war ihr Motto. Um ihre Ziele zu erreichen, schreckte die FLNC auch vor Gewalt

Seit 1976 kämpft die korsische Unabhängigkeitsbewegung um die Autonomie – mit Gewalt und mit drastischen Parolen.

Der Brief Pasquale Paolis von 1768 wird im Musée Bandera in Ajaccio aufbewahrt. In jenem Jahr hatte Genua Korsika an Frankreich abgetreten und den „General" dabei übergangen.

nicht zurück, und so erschütterten immer wieder Bombenanschläge die Insel. Ziel waren hauptsächlich Staatsgebäude und touristische Einrichtungen von Festlandfranzosen, die fast ausschließlich im Winter angegriffen wurden. Im Gegensatz zu anderen Separatistengruppen ging es der FLNC in erster Linie um möglichst großen Sachschaden, Personen sollten nicht zu Schaden kommen. 1983 wurde die FLNC verboten, agierte dann aus dem Untergrund und splitterte sich auf. Der Konflikt gärte weiter, wobei sich Phasen der relativen Ruhe mit Anschlägen und hartem Durchgreifen der Polizei abwechselten. Ein trauriger Höhepunkt war die Ermordung des Präfekten Claude Erignac 1998 in Ajaccio, mit ihm wurde erstmals ein Politiker Opfer der Gewalt. Drei Jahre später rang sich die FLNC zu einem Waffenstillstand durch, die Anschläge gingen aber weiter und 2014 wurde die Waffenruhe offiziell wieder aufgekündigt.

Ein trauriger Rekord

Seit mehr als drei Jahrzehnten kämpfen die Separatisten für die Unabhängigkeit der Insel, durch die starre Haltung Frankreichs und die dauernde Zersplitterung der Freiheitsbewegung ist die Lage aber noch immer undurchsichtig. In der Bevölkerung haben die Nationalisten an Zustimmung verloren, denn die Autonomie würde der finanzschwachen, von hoher Arbeitslosigkeit gezeichneten Insel kaum gut tun. Das spiegelt sich auch in den Umfragen wider – 80 bis 90 Prozent der Insulaner sind dagegen. Fast die Hälfte der Festland-Franzosen aber ist dafür – sie meinen, die wirtschaftsschwache Insel koste den Staat zu viel.

In den letzten Jahren sorgte Korsika immer wieder für Schlagzeilen – 2013 war zu lesen, dass die Mordrate hier inzwischen höher ist als überall sonst in Europa. Touristen sind nicht betroffen, aber: „Die Gewalt hat ein Ausmaß erreicht, das die Fundamente der korsischen Gesellschaft bedroht", meinte Frankreichs damaliger Premierminister Jean-Marc Ayrault und verkündete einen Zehn-Punkte-Plan: Mehr Polizei, mehr Informationsaustausch und eine bessere Ausrüstung der Sicherheitskräfte. Ob in naher Zukunft Ruhe einkehrt, bleibt abzuwarten.

Fakten

Die Frage der Sicherheit

Was bekommt man als Tourist mit? In erster Linie fallen die Abkürzungen und Parolen der einzelnen Unabhängigkeitsbewegungen auf Hauswänden, Brücken und Zäunen auf. Der Unmut gegenüber Frankreich trifft auch die zweisprachigen Ortsschilder (französisch–korsisch), auf denen häufig die französischen Namen übermalt oder zerschossen sind. Doch die Gefahr, als Tourist durch Aktionen der FLNC oder mafiöser Auseinandersetzungen zu Schaden zu kommen, ist minimal.

Maßstab 1:325.000
0 3 6km
Calvi
Golfe de Calvi
Punta di la Revellata
Lumio
Calenzana
Montegrosso
Capo Cavallo
Punta Guale
Capu di a Mursetta
Baie de Crovani
Galéria
Golfe de Galeria
Punta di Ciuttone
Punta di Stollu
Punta Bianca
Punta Muvareccia
Baie de Focolara
Réserve Naturelle de Scandola
Girolata (Girulatu)
Golfe de Girolata
Bocca a Croce
Osani
Capu Seninu
Golfe de Porto
Porto (Portu)
Ota
Evisa
e Calanche
Piana
Capu Rossu
Golfe de Sagone
Sagone
Cargèse (Carghjese)
Vico (Vicu)
Ajaccio (Ajacciu)
Golfe d'Ajaccio
Îles Sanguinaires
Pointe de la Parata
Capo di Feno
Chaos de Bocca Rezza
Forêt de Calenzana
Filosorma
Forêt du Fangu
Giunssani
Asco (Ascu)
Gorges de l'Asco
M. Cinto
Parc Naturel Régional de Corse
Calacuccia
Corte (Corti)
Col de Verghio
Forêt de Valdu Niellu
Scala di Sta Régina
Gorges de la Restonica
M. Rotondo
M. d'Oro
Vizzavona
Forêt de Vizzavona
M. Renoso
Bastelica
Bocognano
Gravona
Cinarca
Calanche
Gorges de Spelunca
Capu a u Cecu
Pont Génois
L'Ile Rousse
Belgodère
Tavignano
Venaco
Vivario
Ghisoni
Zicavo
Cozzano
Col de Verde
Route du Col de Verde
Plateau d'Ese
Tour de Turghiu
Tour d'Orchinu
Punta d'Orchinu
Punta di Cargèse
Capu di Muru
1
2
3
4
5

Rote Felsen und mediterrane Städte

Der Westen hat einige Superlative zu bieten: Calvi, die Hauptstadt der Balagne, besitzt die schönste Festung. Ajaccio, die größte Stadt Korsikas, gibt sich ganz ohne Hemmungen dem Napoleonkult hin. Und nirgendwo ist die Küste mit ihren weißen Sandstränden zwischen den roten Granitklippen spektakulärer.

1 Calvi

Die Hauptstadt der Balagne (5500 Einw.), von den Römern gegründet und später von den Genuesen zum wichtigen Stützpunkt ausgebaut, besteht aus der Unterstadt mit Jacht- und Fährhafen und der Oberstadt mit Gouverneurspalast und Zitadelle. Viel Trubel herrscht im Sommer in den Gassen rund um den Hafen.

SEHENSWERT

Die Zitadelle auf einer felsigen Halbinsel ist das Wahrzeichen der Stadt. Ihre mächtigen Granitmauern aus dem 13. bis 15. Jh. umschließen die mittelalterlichen Häuser der Altstadt und den ehemaligen Gouverneurspalast. In ihm ist heute die Fremdenlegion untergebacht. Calvis Kathedrale **Saint-Jean-Baptiste** bildet den Mittelpunkt der Zitadelle. Nach der Zerstörung des Vorgängerbaus 1567 wurde sie als Barockbau auf dem Grundriss eines griechischen Kreuzes wieder aufgebaut (im Sommer tgl. 8.00–19.00 Uhr). Am **Quai Landry** drängen sich die Restaurants und Bars, hier liegen die teuren Jachten vor Anker und legen die Ausflugsboote ab. Aus dem Barock stammt die Kirche **Sainte-Marie-Majeure** im Hafenviertel.

AKTIVITÄTEN

Vom Quai Landry fahren tgl. Ausflugsboote zum **Naturschutzgebiet Scandola** (s. Tipp S. 62) nach **Girolata**, zur **Grotte des Veaux Marins** und zu den **Stränden der Agriaten** (Colombo Line, Tel. 04 95 65 32 10, www.colombo-line.com). Ebenfalls am Quai Landry bietet Plongée Castille **Tauchgänge** an (Tel. 04 95 65 14 05, www.plongeecastille.com).

HOTEL

Das € / € € Hôtel Le Magnolia (Rue Alsace Lorraine, Tel. 04 95 65 19 16, www.hotel-le-magnolia.com) bietet zehn verspielt-romantische Doppelzimmer in einem Belle-Époque-Haus.

RESTAURANT

Am Quai Landry reiht sich ein Restaurant ans andere, die meisten servieren fangfrischen Fisch. Restaurant, Pizzeria und Önothek in Einem ist das **€ € A Funtana** (Tel. 04 95 65 09 52, www.restaurantafuntana-calvi.com) im Herzen von Calvi.

EINKAUFEN

Eine Institution ist der **Feinkostladen Traiteur Chez Annie** (5, Rue Clemenceau, Tel. 04 95 65 49 67, www.annietraiteur.com, Sommer: tgl. 7.00–22.00 Uhr). Riesige Auswahl korsischer Spezialitäten, aber auch Quiche und Tarte zum Mitnehmen.

UMGEBUNG

Die **Straße der Kunsthandwerker** (La Route des Artisans de Balagne, www.routedesartisans.fr) führt entlang der Küste nach L'Île-Rousse sowie durch viele kleine Dörfer der Balagne. Unterwegs kann man Kunsthandwerker, Weingüter und Lebensmittelproduzenten besuchen. Broschüren gibt es in den Touristenbüros.

INFORMATION

Office de Tourisme de Calvi, Port de Plaisance, Calvi, Tel. 04 95 65 16 67, www.balagne-corsica.com

Tipp

Ins Fango-Tal

Eine 16 km lange Straße am Fluss entlang erschließt das Tal von Galéria bis Monte Estremo (nordöstl. von Porto). Von hier geht es nur zu Fuß weiter. An der Straße gibt es immer wieder Parkplätze, die zu erfrischenden Badebecken führen. An der Mündung des Fango lädt der Sandstrand zum Faulenzen ein. Aktive leihen sich ein Kanu und erkunden den ruhigen Fluss und seine grünen Ufer. Vom Parkplatz am Ortseingang von Galéria ist der Weg zu den Kanus ausgeschildert.

INFORMATION
Tel. 06 22 01 71 89,
www.delta-du-fangu.com, Juni–Sept., 10.00–18.00 Uhr

Die mächtige Zitadelle von Calvi ragt auf ihrer ausgreifenden Halbinsel ins Meer hinein.

2 Galéria

Das beschauliche Dorf Galéria (300 Einw.) ist die einzige größere Siedlung zwischen Calvi und Porto. Es bietet eine gute touristische Infrastruktur, zwei Kiesstrände, hervorragende Tauchreviere sowie Möglichkeiten zum Wandern und zu Ausflügen ins Naturschutzgebiet La Scandola und ins Fango-Tal. All das macht diesen Ort zu einem guten Ausgangspunkt für einen aktiven Urlaub inmitten spektakulärer Naturschönheiten.

AKTIVITÄTEN

Schöner als der Strand am Ort ist die nördlich gelegene **Plage de Ricinicia.** Am Hafen vermietet Tra Mare e Monti **Seekajaks. Tauchausflüge** sind im Ort buchbar (Résidence L'Incantu, Tel. 04 95 62 03 65, www.incantu.com).

HOTEL

Das **€ / € € Hôtel Palazzu** (Route du Bord de Mer, Tel. 04 95 62 02 61, www. palazzu.com) bietet moderne Zimmer, Pool und Meerblick.

INFORMATION
Syndicat d'Initiative, Tel. 04 95 62 02 27, 4 km außerhalb, an der Kreuzung der D 81

3 Porto

Der Ort besteht aus zwei Teilen – Porto und Marine de Porto – und hat doch nur gut 500 Einwohner. Die haben sich allerdings ganz dem Tourismus verschrieben, deshalb gibt es mehr als ein Dutzend Hotels und mehrere Campingplätze. Auch das Angebot an Restaurants ist ungewöhnlich groß. Der Strand liegt zwar wunderschön zwischen den roten Felsen, er ist im Sommer allerdings viel zu voll.

SEHENSWERT
Sehr fotogen thront der eckige **Genuesenturm** auf einem Felsvorsprung im Meer. Im **Aquarium** im alten Pulverturm sind Flora und Fauna des Mittelmeers aus nächster Nähe zu bewundern (April-Sept. tgl. 9.00–21.00, sonst 11.00–19.00 Uhr).

UMGEBUNG
Die Fahrt von Porto nach Osten in das kleine Bergdorf **Evisa** (ca. 20 km) führt über enge, kurvige Bergstraßen mit fantastischer Aussicht auf die **Gorges de Spelunca,** die tiefe Schlucht des Porto-Flusses. Oberhalb des Dorfes gibt es mitten in Kastanienwäldern einen einfachen Campingplatz mit einmaliger Aussicht (Camping L'Acciola, Tel. 04 95 26 23 01). Die D 81 führt westlich zu den Felsenformationen der **Calanche,** die Teil der UNESCO-Welterbe-Liste ist. In **Piana,** ca. 10 km südwestlich von Porto, bietet sich **€ € Les Roches Rouges** (www.lesrochesrouges.com, April–Okt.) für einen Stopp an, ein Belle-Époque-Hotel mit morbidem Charme.

INFORMATION
Office de Tourisme d'Ota Porto, Place de la Marine, Porto, Tel. 04 95 26 10 55, www.porto-tourisme.com

Tipp

Réserve naturelle

Das **Naturschutzgebiet Scandola** zwischen Galéria und Porto wird als Welterbe geführt und umfasst je rund 10 km² an Land und im Meer. Fast überall ragen bizarre rote Felsen vulkanischen Ursprungs steil aus dem Meer. Dank des kristallklaren Wassers gedeiht hier eine artenreiche Unterwasserwelt aus Algen, Anemonen, Korallen, Muscheln und Schwämmen. Zu beobachten sind auch Kormorane, Fischadler und Möwen. Im Sommer werden Schiffsausflüge ab Ajaccio, Calvi, Cargèse, Galéria und Sagone angeboten.

4 Cargèse

Rund 1200 Einwohner hat die kleine Stadt. Es gibt einen Jachthafen und eine Geschäftsstraße, doch selbst im Sommer geht es hier eher gemütlich zu, denn die meisten Gäste wohnen außerhalb und kommen nur für einen kurzen Stadtbummel nach Cargèse.

SEHENSWERT
Zwei Kirchen aus dem 19. Jh. thronen aussichtsreich rund 100 m über dem Meer und sind nur durch eine kleine Senke voneinander getrennt. Die **Église grecque** (tgl. 9.00–18.00 Uhr) ist eine griechisch-orthodoxe Kirche; sie beherbergt wertvolle Ikonen und Fresken, die **Église latine** (tgl. 9.00–18.00 Uhr) ist die römisch-katholische Kirche, errichtet in einem Stilmix mit neobarocken Elementen.

UMGEBUNG
Der 13 km südöstlich gelegene Ort **Sagone** ist wegen seiner Sandstrände zwischen roten Felsen beliebt.

INFORMATION
Office de Tourisme de Cargèse, Rue du Docteur Dragacci, Cargèse, Tel. 04 95 26 41 31, www.cargese.net

4 Ajaccio

Die größte Stadt Korsikas, **Ajaccio** TOPZIEL (66 000 Einw.), ist gleichzeitig das politische Zentrum der Insel, denn hier befindet sich das korsische Parlament, die Assemblée Régionale de Corse. Die Stadt ist durchaus geschichtsträchtig: Von den Römern gegründet, von den Sarazenen zerstört, von der genuesischen Bank neu zum Leben erweckt, vom korsischen Freiheitskämpfer Sampiero Corso erobert, dann wieder unter genuesische Herrschaft geraten und schließlich an Frankreich verkauft. Allgegenwärtig in seiner Geburtsstadt ist auch heute noch Napoleon Bonaparte. Ganz gleich, ob in der engen genuesischen Altstadt oder in der Neustadt mit ihren Alleen und Plätzen, Ajaccio verströmt mediterrane Lebensfreude.

Das elegante Palazzu in Ajaccio (ganz oben) Genuesenturm bei Porto (oben)

SEHENSWERT
Von der zentralen **Place Général de Gaulle,** auf der das Denkmal Napoleons als römischer Kaiser, umgeben von seinen vier Brüdern, zu sehen ist, führt der **Cours Grandval** durch das **Quartier des Étrangers,** das Fremdenviertel, das um die Mitte des 19. Jhs. entstanden ist. Von den schönen Gebäuden fällt besonders die Fassade des **Grand Hotel** ins Auge, heute Sitz des korsischen Parlaments. Am oberen Ende der Straße, der **Place d'Austerlitz,** gibt es ein weiteres monumentales Napoleondenkmal. Zurück auf der Place de Gaulle, sind es nur wenige Schritte ins genuesische Viertel mit der **Zitadelle,** die noch heute vom Militär genutzt wird. In der Kathedrale **Notre-Dame-de-la-Miséricorde** (Rue du Roi de Rome) vom Ende des 16. Jhs. wurde Napoleon im Jahr 1771 getauft. Hinter der schlichten Fassade verbirgt sich ein prunkvoller Innenraum. Die **Place Maréchal Foch** bildet die Grenze zwischen genuesischer Altstadt und Kaiserstadt. Vom Platz in nördlicher Richtung verläuft die **Rue Fesch,** eine ebenso belebte Shoppingmeile wie der parallel verlaufende **Cours Napoléon.**

In Cargèse gibt es einen Jachthafen und eine Geschäftsstraße, doch selbst im Sommer geht es hier eher gemütlich zu.

MUSEEN
Auf mehreren Etagen der **Maison Bonaparte** (Rue Saint-Charles, www.musee-maisonbonaparte.fr, April–Sept. 10.30–12.30 und 13.15 bis 18.00, Okt.–März 10.30–12.30 und 13.15–16.30 Uhr) wird die Familiengeschichte des Kaisers in allen Einzelheiten samt ausführlichem Stammbaum erläutert. Napoleon I. wurde hier am 15. August 1769 geboren.
Das Palais Fesch – musée des beaux-arts (50, Rue Cardinal Fesch, Tel. 04 95 26 26 26, www.musee-fesch.com, Mai–Sept. Mo., Mi., Sa. 10.30–18.00, Do., Fr., So. 12.00–18.00, Juli, Aug. bis 20.30, Okt.–April Mo., Mi., Sa. 10.00–17.00, Do., Fr., So. 12.00–17.00 Uhr) besitzt nach dem Louvre in Paris die bedeutendste Sammlung italienischer Gemälde. Im **Musée a Bandera** (1, Rue Général Lévie, Tel. 04 95 51 07 34, www.musee-abandera.fr, Juli–Mitte Sept. Mo.–Sa. 10.00–19.00, sonst Mo.–Sa 10.00–17.00 Uhr), einem kleinen Privatmuseum, wird die Geschichte Korsikas von den Anfängen bis in die Gegenwart beleuchtet.

HOTEL
Hinter der klassischen Fassade des € € / € € € **Hôtel Palazzu** (17, Rue Bonaparte, Tel. 04 95 50 00 20, www.palazzu-domu.com) erwartet den Gast ein modernes Luxushotel, ein Palast mitten in der Stadt.

RESTAURANTS
Das Interieur des € € **Le 20123** (2, Rue du Roi de Rome, Tel. 04 95 21 50 05, www.20123.fr) ist dem Dorf Pila-Canale nachempfunden, die Postleitzahl des Dorfes gab dem Restaurant den Namen. Stimmiges Ambiente und auch die Küche weiß zu überzeugen. Unbedingt reservieren! Die dicht gedrängten Tische des € € / € € € **Grand Café Napoléon** (10, Cours Napoléon, Tel. 04 95 21 42 54) auf dem Bürgersteig an der stark befahrenen Straße lassen nicht erahnen, welch schöner Innenraum die Gäste erwartet. In einem der ältesten Restaurants der Stadt fühlt man sich in Napoleons Zeit zurückversetzt.

EINKAUFEN
Di.–So. vormittags findet auf dem Square César Campinchi gegenüber dem alten Hafen der schönste **Markt** **TOPZIEL** Korsikas statt.

UMGEBUNG
Entlang der nördlichen Golfküste führt die **Route des Sanguinaires** 12 km bis zur Landspitze **La Parata.** Nach dem Verlassen der Stadt passiert man mehrere Sandstrände, Hotels und Restaurants, die am Wochenende beliebt bei Einheimischen sind. Vom großen Parkplatz ist es dann nur noch ein kurzer Weg zur **Pointe de la Parata.** Wegen seines Sandstrandes ist auch der südlich von Ajaccio gelegene Ort **Porticcio** ziemlich gefragt.

INFORMATION
Office Municipal de Tourisme d'Ajaccio,
3, Boulevard Du Roi Jérôme, Ajaccio,
Tel. 04 95 51 53 03,
www.ajaccio-tourisme.com

Genießen Erleben Erfahren

DuMont Aktiv

Zu Besuch in der Urzeit

Im Gravona-Tal, 20 Kilometer von Ajaccio entfernt, liegt der größte Schildkrötenpark Europas. A Cupulatta zeigt Besuchern diese urzeitlichen Tiere in einer natürlichen Umgebung. Ein Biologenteam kümmert sich hinter den Kulissen das ganze Jahr über um die Aufzucht und den Schutz von Wasser- und Landschildkröten.

„Cupulatta" heißt Schildkröte und ist ein korsisches Wort. Ungefähr 150 verschiedene Arten und insgesamt rund 3000 Tiere leben in dem 2,5 ha großen Park, der von einem kleinen Bach durchzogen wird. Es sind Wasser- und Landschildkröten aus aller Welt, einige sind winzig klein, aber auch Hunderte Kilo schwere Riesenschildkröten von den fernen Trauminseln Seychellen und Galapagos sind unter ihnen. Verschlungene, überwiegend schattige Wege führen an den Gehegen vorbei.

Wer sich Zeit nimmt, die Tiere zu beobachten, stellt fest, dass die Panzerträger ganz und gar nicht langweilig sind. An heißen Tagen sollte man allerdings früh kommen, denn in der Mittagshitze verkriechen sie sich in ihren Verstecken und halten Siesta. Auf Tafeln erfahren Besucher viel über Schildkröten, deren Anatomie, Arterhaltung und Nachzucht. Von Plattformen aus lässt sich ein Blick in manche Gehege werfen, Glasscheiben ermöglichen die Beobachtung einiger Wasserschildkröten, und in der Aufzuchtstation sind Dutzende wenige Zentimeter große Jungtiere zu sehen.

Dick gepanzert ans frische Grün

Weitere Informationen

Adresse
A Cupulatta, an der N 193 bei Véro,
ca. 20 km nordöstlich von Ajaccio,
Tel. 04 95 52 82 34,
www.acupulatta.com

Öffnungszeiten: April–Mitte Mai, Mitte Sept.–Mitte Nov. tgl. 10.00–17.00, Mitte Mai–Mitte Sept. tgl. 9.00–19.00 Uhr.

Nicht versäumen: ... die Fütterung der größeren Exemplare mit Salat und Gemüse ist ein nett anzusehendes Spektakel – und ein Besuch der Website vorab lohnt sich ebenfalls. Gezeigt werden dort beispielsweise die Youngsters. Außerdem geben Videos interessante Einblicke.

Das wilde Korsika

Mit der Schmalspurbahn Trinighellu auf abenteuerlichem Schienenstrang in gemütlichem Tempo von Ajaccio ins Gebirge zuckeln. Von Corte, der stolzen heimlichen Hauptstadt Korsikas, hinauf zu den höchsten Gipfeln der Insel, die sich in kristallklaren Bergseen spiegeln – das Zentrum Korsikas bietet eine atemberaubende Natur, die sich am besten zu Fuß erkunden lässt.

Die Restonica schlängelt sich mancherorts als rauschender Gebirgsbach durch das gleichnamige Tal, eines der schönsten Inseltäler.

Corte ist die einzige Universitätsstadt Korsikas. Studenten geben ihr ein jugendliches Gesicht.

Bahnliebhaber schätzen Korsikas attraktive Strecken; die Verbindung Corte – Vizzavona bietet mit Brücken wie dieser herrliche Ausblicke.

Hoch oben auf dem steil abfallenden Felsen thront Cortes Zitadelle.

Enge Gassen führen in Cortes Oberstadt hinauf.

Von Corte aus regierte Pasquale Paoli während der kurzen Unabhängigkeit die Insel.

Rund zwei Stunden braucht der Trinighellu, der kleine Zug, von Ajaccio nach Corte. Für die paar Kilometer ist das nicht gerade rekordverdächtig, aber er muss sich in den Bergen Korsikas immer wieder über Brücken und durch Tunnel kämpfen. Als weitere Entschuldigung für solch ein Bummeltempo mag auch gelten, dass der kleine Zug schon über hundert Jahre auf dem Buckel hat. Sogar der geniale Gustave Eiffel war am Bau der korsischen Gleise beteiligt, er entwarf die filigrane Eisengitterbrücke gut 100 Meter über der Schlucht des Vecchio zwischen Venaco und Vivario. Bevor 1892 die ersten Züge fuhren, musste das Massiv des Monte d'Oro überwunden werden – mit dem damals längsten Eisenbahntunnel Europas. Heute sind es vor allem Touristen, die in die Schmalspurbahn einsteigen. Rucksacktouristen zieht es zu den Cascades du voile de la mariée, den „Brautschleierwasserfällen", oder zum Einstieg in die GR 20, der bei Vizzavona die Bahnlinie kreuzt. Eisenbahnliebhaber erfreuen sich an der abenteuerlichen Trassenführung.

Die heimliche Hauptstadt

Corte ist nicht so heiter wie Ajaccio, nicht so mondän wie Calvi und auch nicht so weltoffen wie Bastia. Die alte Hauptstadt Korsikas hat es zudem schwer, sich gegen die größeren Städte an der Küste zu behaupten. Denn die profitieren von ihren Häfen und den Touristen, die ihren Urlaub lieber in Strandnähe verbringen. Früher waren die Prioritäten andere: Auf einem Hochplateau, von hohen Bergen umgeben, lag Corte strategisch günstig, um die Verkehrswege durch das Inselinnere zu kontrollieren. Geblieben sind enge Gassen und eine düstere, fast abweisende Altstadt. Natürlich sieht man Touristen in der Stadt, doch die meisten bleiben nur kurz, machen einen Besuch im Museum, erklimmen die Zitadelle, schlendern über den Cours Paoli und gönnen sich in einem der Restaurants noch ein korsisches Menü, machen sich dann aber bald in die Berge oder zurück an die Küste auf.

Studentenstadt mit Helden

So bleibt nur der Blick in die Vergangenheit: Von Corte aus regierte Pasquale Paoli während der kurzen Unabhängigkeit die Insel, die von ihm gegründete Universität sollte allerdings noch kürzer als das unabhängige Korsika existieren. Mehr als 200 Jahre dauerte es, bis Corte sich 1981 wieder Universitätsstadt nennen durfte. Zwei Drittel der Einwohner sind Studenten, neben anderen Fächern stehen auch korsische Literatur, Sprache und Geschichte auf dem Lehrplan.

Eine Genuesenbrücke verbindet die Ufer der Asco, die sich durch das Tal windet.

Gesellschaft auf einem Wanderweg ...

Im Ort Calacuccia sind Wanderer willkommen.

Der Wanderweg Mare a Mare Nord durchquert die Niolo-Hochebene, die auch heute noch Abgeschiedenheit vermittelt.

Wenn nicht gerade Semesterferien sind, bevölkern viele Studenten Kneipen und Bars. Und doch kann die Stadt ihre Vergangenheit nicht loslassen, denn nicht weit von der Place Paoli, benannt nach dem „Vater des Vaterlandes“, wird ein weiterer Held der korsischen Unabhängigkeitsbewegung verehrt: Die eine Hand am Degen, die andere siegessicher in die Luft gereckt, grüßt die Statue des Gianpiero Gaffori die Vorbeigehenden, hinter ihm die von genuesischen Kugeln zerschossene Fassade seines Wohnhauses. Mehr als 250 Jahre ist das her, und es wirkt deshalb nur noch wie ein trotziger, vergeblicher Wunsch, die Zeit der Helden zu konservieren. In der heimlichen Hauptstadt ist der korsische Nationalstolz zu Hause, sichtbar an der französischen Beschriftung auf den zweisprachigen Straßenschildern, die durch Übermalen oder Einschüsse unkenntlich gemacht wurde. Damit es jeder versteht: Hier ist man nicht in Corte, sondern in Corti!

Die Wanderstiefel schnüren

Corte ist am Zusammenfluss von Restonica und Tavignano in der geografischen Mitte Korsikas gelegen und auch mitten im Parc Naturel Régional de Corse. Von hier eröffnen sich, vor allem wenn man mit dem eigenen Wagen anreist, unzählige Tourenmöglichkeiten. Es muss ja nicht gleich die gesamte GR 20 oder die Besteigung des Monte Cinto sein. Die Schönheit der Natur kann man auch ohne Superkondition erleben. Einfach ins Asco-Tal fahren, ein oder zwei Stunden der GR 20 folgen und dann auf dem Rückweg ein erfrischendes Bad im Fluss nehmen. Oder parallel, etwas südlicher, am Golo entlang auf enger Straße durch die Scala di Santa-Régina, die Schlucht,

> In der heimlichen Hauptstadt ist der Nationalstolz zu Hause.

Zauberhaft anzuschauen, erfrischend für müde werdende Beine: Badebecken in den Gorges de la Restonica

Das Restonica-Tal steht im Zeichen der Wanderungen, ...

... doch auch Kajakfahrer kommen auf bestimmten Flussabschnitten voll auf ihre Kosten.

Special

Korsikas Naturpark

Geschützte Natur

Als der Naturpark 1972 geschaffen wurde, umfasste er rund 150000 Hektar. Inzwischen ist er auf mehr als das Doppelte angewachsen und nimmt rund 40 Prozent Korsikas ein. Anfangs stieß die Einrichtung des Parks nicht nur bei vielen Hirten auf Misstrauen, doch sie hat mit dazu beigetragen, dass Korsika nicht so zugebaut ist wie andere Regionen des Mittelmeers. Die gesamte innere Region der Insel mit den höchsten Bergen und dichtesten Wäldern gehört ebenso zum Park wie ein Stück Küste im Nordwesten um den Golf von Porto. So reiht sich ein Höhepunkt an den anderen, die Gipfel von Monte Cinto, Renoso, d'Oro und Rotondo, die Schluchten von l'Asco, Restonica und Spelunca, die roten Felsen der Calanche, die Spitzen des Bavella-Massivs und die Wälder von Vizzavona, Ospédale und Aitone. Der Parc Naturel ist kein Nationalpark, trotzdem sind die wichtigsten Ziele der Natur- und Landschaftsschutz, aber auch die Verhinderung weiterer Entvölkerung. Die Aufgaben sind vielfältig: der Schutz seltener Tier- und Pflanzenarten, Verhinderung und Bekämpfung von Waldbränden, Förderung der Vieh- und Weidewirtschaft, Erhalt und Wiederaufbau von alten Orten und Bergerien. Über 800 Tierarten sind auf dem Gebiet heimisch, so auch die seltenen Königs- und Fischadler sowie das Mufflon, das korsische Wildschaf.

Teil des Naturparks: Ruine am Monte d'Oro

ins Hochtal von Niolo fahren und loslaufen. Auch die Straße durch das Restonica-Tal führt am Fluss mit Badegumpen entlang. Kastanien, Oliven, Eichen säumen anfangs das Tal, und wenn die Laricio-Kiefern in den Himmel ragen, ist der Blick auf die Zweitausender nicht weit. Leider hat sich die Schönheit des Tals herumgesprochen, allein wird man es nicht genießen können. An Sommerwochenenden kommt man nur im Gänsemarsch voran. Aber es geht auch ruhiger: im Tavignano-Tal zwischen Golo- und Restonica-Tal. Hier gibt es keine Straße, nur eine enge Schlucht, ein Plateau mit Aussicht, Badewannen im Fluss und windzerfressene Tafoni-Felsen.

Sanfter Tourismus

Vor allem Wanderer sind im Parc Naturel willkommen. Für sie wurden rund 1500 Kilometer Wanderwege markiert und mehr als 1300 Betten in Gîtes d'Étapes eingerichtet. Diese werden auch – besonders im Juli und August – gern genutzt, denn die GR 20 führt fast in gesamter Länge durch den Naturpark. Ein Hinweis, dass der Naturschutz im Bewusstsein der Korsen angekommen ist, mag – nach langem Hin und Her – die Einrichtung des Parc Marin International sein, der die Meerenge zwischen Korsika und Sardinien umfasst.

WANDERN AUF KORSIKA

Grenzen setzt nur die Kondition

Ein Rucksack, eine Wanderkarte, etwas Durchhaltevermögen und eine Woche Zeit genügen, um auf einer Wanderung von Hütte zu Hütte die korsische Bergwelt zu entdecken. Aber auch auf Tagestouren kann man das Korsika der Berge, Quellen und Wasserfälle erleben.

Ob mit dem Bike durchs Asco-Tal oder in Wanderschuhen über die GR 20 – die Insel bietet viele Optionen.

Im Sommer 2009 hat der Spanier Kilian Jornet auf der Grande Randonnée 20 (GR 20) einen schier unglaublichen neuen Rekord aufgestellt: Gerade einmal 32 Stunden und 54 Minuten hat der Athlet für die gesamte Strecke gebraucht. Gut trainierte Wanderer benötigen für den ungefähr 170 Kilometer langen Fernwanderweg zwei Wochen, mühen sich allerdings auch mit einem ziemlich schweren Rucksack ab. Die GR 20 führt in einer Höhe von 900 bis 2400 Metern vom nordwestlich gelegenen Calenzana ins südöstliche Conca. Unterwegs sind 12 000 Höhenmeter zu bewältigen. Das ist wirklich nichts für Ausflügler und Gelegenheitswanderer, denn neben guter Kondition und ebensolcher Ausrüstung sind auch Trittsicherheit, Schwindelfreiheit und guter Orientierungssinn gefragt. Weglose Passagen, einige kurze Kletterstellen, lange Tagesetappen von fünf bis acht Stunden und das unberechenbare Wetter im Hochgebirge lassen nicht wenige Wanderer die Tour abbrechen. Die Hütten sind teils unbewirtschaftet und am Wegesrand liegen nur drei Dörfer – nämlich Haut-Asco, Vizzavona und Bavella. Deshalb heißt es: Zähne zusammenbeißen und ausreichend Proviant in den Rucksack packen.

Verlockende Herausforderung

Dennoch nehmen jedes Jahr Tausende die Herausforderung GR 20 an – Tendenz steigend. Diese Beliebtheit führt leider dazu, dass die Hütten unterwegs oft überfüllt sind, denn die Saison ist kurz, so sind die meisten im Juli und August unterwegs. Der Weg folgt zwar überwiegend dem Gebirgskamm und der Wasserscheide, durchquert jedoch ganz unterschiedliche Landschaften mit Pinienwäldern, vegetationslosen Gebirgsmassiven und Bergseen. Am vierten Tag wartet die Königsetappe der GR 20: Von Haut-Asco geht es zum Refuge Tighiettu durch den Cirque de la Solitude, den Kessel der Einsamkeit. Beim Blick von oben in den Felskessel mag man nicht glauben, dass ein Weg hinunterführt. Doch mit besonnener Kletterei und der Kettensicherung lässt sich auch diese Schlüsselstelle bewältigen – wenn das Wetter mitspielt.

Wege mit klangvollen Namen

Doch auch wer sich die GR 20 nicht zutraut, kann auf Korsika wochenlang auf 1500 Kilometern markierter Wege

Oben: Auf Schusters Rappen geht es über die GR 20 – ein Wandererlebnis der besonderen Art.

Links: Der Blick auf hohe Gipfel begleitet den Wanderer auf seinem Weg Mare a Mare Nord durch das Golo-Tal.

wandern. Wandern light versprechen Tra Mare e Monti (zwischen Meer und Bergen) und Da Mare a Mare (von Meer zu Meer). Dahinter verbergen sich fünf verschiedene Fernwanderwege mit einer Wanderdauer zwischen fünf und zwölf Tagen. Dies ist vor allem ein Angebot an Genusswanderer, denn sie verlaufen überwiegend im Mittelgebirge, die Tagesetappen sind kürzer und weniger anstrengend als auf der GR 20, in den Dörfern unterwegs kann man sich verpflegen und am Ende jedes Tages wartet auf den müden Wanderer ein Bett in einem Gîte d'Étape.

Fakten & Informationen

Wichtige Tipps

Wegen des Schnees kann die GR 20 nur von Juni bis Mitte Oktober begangen werden. Aufgrund des großen Andrangs müssen Unterkünfte in den Hütten reserviert werden, online ist dies unter www.parc-corse.org möglich. Da es in den Hütten sehr voll werden kann, ist die Mitnahme eines Zeltes sicher keine schlechte Idee. 35 interessante Touren werden im DuMont aktiv, Wandern auf Korsika, vorgestellt, in der Reihe Rother Wanderführer gibt es einen Band speziell zur GR 20.

Maßstab 1:280.000
0 3 6km
Désert des Agriates
Golfe de St-Florent
St-Florent (San Fiurenzu)
BASTIA
L'Ile Rousse (Isula Rossa)
Marseille, Toulon
Nice
Calenzana
Giunssani
Forêt de Tartagine
Parc
Naturel
Régional
de
Corse
Gorges de l'Asco
Asco (Ascu)
M. Cinto
Calacuccia
Scala di Sta Régina
Corte (Corti)
Gorges de la Restonica
Gorges du Tavignano
Forêt de Valdu Niellu
Col de Verghio
M. Rotondo
M. d'Oro
Forêt de Vizzavona
Col de Vizzavona
Venaco (Venacu)
Vivario (Vivariu)
Bocognano (Bucugnà)
Ponte Leccia (Ponte à a Leccia)
Morosaglia
Vescovato (U Viscuvatu)
Lucciana
Borgo (U Borgu)
Biguglia
Casamozza
Cervione (Cervioni)
Piedicroce
Sermano (Sermanu)
Altiani
Pont Génois
Castagniccia
Nebbio
Route du Golo
Col de Belle Granaje
Col de Teghime
Serra di Pigno
Défilé de Lancone
Défilé de l'Inzecca
Chaos de Bocca Rezza
Cirque de Bonifatu
Forêt de Carozzica
Guagno les Bains (I Bagni di Guagnu)
Bains de Puzzichellu (Bagni di Puzzichellu)
1
2
3
4
5

Das Herz der Insel

Corte ist das geografische Zentrum Korsikas. Gerne wäre die Stadt wieder Hauptstadt, doch diese Zeiten sind längst vorüber. Für Touristen ist Corte das Tor zu den schönsten Bergen und Tälern der Insel. Imposante 2706 Meter misst der höchste Berg Korsikas, der Monte Cinto. Und wer nicht so hoch hinaus will, macht in den wilden Tälern Aktivurlaub.

1 Corte

Corte liegt im Inselinneren an der Kreuzung mehrerer Verkehrswege und trotzdem ein wenig im Abseits. Die einzige bedeutende Stadt (7 300 Einw.) abseits der Küsten breitet sich auf einem Hochplateau auf gut 400 m Höhe am zerklüfteten Hauptgebirgszug der Insel aus. Für einige Jahre (1755–1769) hat sie der Freiheitskämpfer Pasquale Paoli zur Hauptstadt gemacht. Heute ist Corte die einzige Universitätsstadt Korsikas.

SEHENSWERT
Der rund 100 m hohe Felsen über der Stadt wird wahrscheinlich schon seit dem 11. Jh. als Festung genutzt. Die ältesten heute noch erhaltenen Teile der **Zitadelle** stammen aus dem 15. Jh. Nach dem Auszug der Fremdenlegion 1984 ist sie wieder zugänglich. Vom **Belvédère** südlich davon überblickt man die Stadt und die umliegenden Berge. Mitten auf der **Place Gaffori** steht eine Statue des gleichnamigen Freiheitskämpfers (18. Jh.), sein Wohnhaus, die **Maison Gaffori,** ist noch heute von genuesischen Einschusslöchern gezeichnet. Am Platz erhebt sich die **Église de l'Annonciation** (Verkündigungskirche) von 1450 (tgl. 9.00–17.00 Uhr). An der Schnittstelle zwischen Ober- und Unterstadt liegt die stets bevölkerte **Place Paoli.**

Kunst mit Esel im Musée de la Corse (oben)
Glas und Stein: Musée de la Corse (rechts)

Tipp

Alles aus Wolle

Pullover, Westen, Mützen, Handschuhe, Decken, Teppiche sowie der traditionelle korsische Bettüberwurf – das alles gibt es bei **Lana Corsa** zwischen Corte und Ponte-Leccia. Die korsischen Schafe produzieren Wolle in mehreren Farben (Weiß, Beige, Grau und Schwarz), die vor der Verarbeitung weder chemisch behandelt noch gebleicht wird. Sie wird nur mit biologisch abbaubarer Seife gewaschen und mit Pflanzenfarben versehen. Die Produkte von Lana Corsa sind hochwertig, wer aber einigermaßen empfindlich ist, wird an den doch relativ kratzigen Pullovern weniger Freude haben.

INFORMATION
Pont'a Golu U Salgetu, Saliceto, Tel. 04 95 48 43 79, www.lana-corsa.com, Mo.–Sa. 9.00–19.00 Uhr

MUSEUM
Neben dem Office de Tourisme befindet sich seit 1997 in der Zitadelle das **Musée de la Corse** TOPZIEL, das einen Überblick über die Geschichte der Insel gibt. Der Neubau wurde schön in die mittelalterliche Befestigungsanlage integriert (La Citadelle, www.musee-corse.com, Mitte Juni–Mitte Sept. tgl. 10.00 bis 20.00 Uhr, sonst Di.–So. 10.00–18.00 Uhr).

UNTERKUNFT
Das moderne € / € € Hôtel du Nord et l'Europe (22, Cours Paoli, Tel. 04 95 46 00 68, www.hoteldunord-corte.com) liegt mitten in der Stadt. Es hat helle, freundliche Zimmer.

RESTAURANTS
Im Sommer ist die schattige Terrasse des **€ U Museu** (Rampe Ribanelle, Tel. 04 95 61 08 36, www.restaurant-umuseu.com) besonders beliebt. Sonst genießt man drinnen deftige korsische Menüs zu fairen Preisen. Beim **€ U Valentinu** (1, Place Paoli, Tel. 04 95 61 19 65) reicht der Platz vor der Tür nur für wenige Tische, doch die sind begehrt, denn die Pizza ist hervorragend. Besonders abends ist die **€ Rex Lounge** (1, Cours Paoli, Tel. 04 95 46 08 76) auf der Flaniermeile ein Hingucker: eine moderne Bar, trendy in Silber. Das **€ Terra Corsa** (3, Rue Scoliccia) in einer Gasse zwischen Place Paoli und Zitadelle besteht nur aus einem winzigen Laden und ein paar Tischen vor der Tür. Hier kommt garantiert nur Korsisches auf den Tisch: Wurst, Schinken, Wein, Käse, Bier – und das, was die Mutter des Besitzers Marc Césari in der Küche zubereitet.

EINKAUFEN
Keramik in teils kräftigen Farben gibt es in der **Poterie Leonelli** (4, Rue Chiostra, Tel. 04 95 46 19 53), Atelier und Verkaufsraum liegen etwas versteckt in der Altstadt. In dem urigen Weinkeller **La Vieille Cave** (2, Ruelle de la Fontaine, Tel. 04 95 46 33 79) kann man diverse Tropfen verkosten und dazu Charcuterie probieren.

INFORMATION
Office de Tourisme Centru di Corsica, in der Zitadelle, Corte, Tel. 04 95 46 26 70, www.corte-tourisme.com

Im Melosee spiegeln sich die Berge (oben); Calacuccia ist Ausgangspunkt für Touren (oben rechts); schroff ist die Scala di Santa-Régina im Niolo-Gebirge (rechts).

2 Asco-Tal

Zwei Kilometer nördlich von Ponte-Leccia zweigt die Straße ins Asco-Tal in Richtung Südwesten ab. Nach rund 30 km endet die D 147 im weiten Talkessel von Haut-Asco auf gut 1400 m Höhe. Anfangs ist das Tal noch breit, flach und erstaunlich trocken, doch hinter dem Dorf Moltifao verengt es sich zur Schlucht, den Gorges de l'Asco. Ungefähr auf halbem Weg kommt man zum Dorf Asco, der einzigen größeren Siedlung im Tal. Die Straße endet schließlich an einem Parkplatz, bis 1992 gab es hier eine Skistation.

SEHENSWERT

Im Gegensatz zu A Cupulatta (s. S. 65) dreht sich im Schildkrötendorf **Village des Tortues** (Moltifao, Tel. 04 95 47 85 03, Mai–Sept., im Juli und Aug. 10.00–17.00 stündl. Führungen, sonst Mo.–Fr. 11.00–15.30 Uhr) alles um die griechische Landschildkröte oder Hermann-Schildkröte (Testudo hermanni hermanni). Der Nachwuchs der vom Aussterben bedrohten Art wird gehegt und gepflegt, in der Hoffnung, später möglichst viele Tiere auswildern zu können. Oberhalb von Asco führt eine schmale Straße hinunter zum Fluss. Hier gibt es eine gut erhaltene **Genuesenbrücke** sowie mehrere Badebecken.

> Tipp
>
> ### Auf dem Maultier
>
> Jedes Jahr am 8. September verwandelt sich das ruhige Örtchen **Casamaccioli** für drei Tage in den größten Jahrmarkt Korsikas. Ursprünglich war A Santa di Niolo ein vor allem kirchliches Fest, doch mittlerweile stehen weltliche Vergnügungen wie Floh- und Kunsthandwerkermarkt, Schießstände und allerlei kulinarische Köstlichkeiten im Vordergrund. Immerhin gibt es auch noch eine Messe, anschließend wird die Marienstatue durchs Dorf getragen. Heute übernehmen dies kirchliche Würdenträger. Vor langer Zeit wurde die Marienstatue auf ein Maultier gebunden, um sie vor den plündernden Sarazenen in Sicherheit zu bringen.

AKTIVITÄTEN

Im Frühjahr tummeln sich die **Kajakfahrer** auf dem Asco, im Sommer locken die Badebecken. Eine der meistbesuchten **Badestellen** liegt gut einen Kilometer hinter dem Village des Tortues. Haut-Asco ist Etappenort der **GR 20** und bietet viele Möglichkeiten für Tagestouren wie die zum Gipel der Muvrella (2148 m) oder die Gratwanderung über dem Plateau Stagnu. Auch der höchste Berg Korsikas, der Monte Cinto (2706 m), lässt sich von hier besteigen. **In Terra Corsa** (Ponte Leccia, Tel. 04 95 47 69 48, www.interracorsa.com) bietet Unterstützung bei jeglicher sportlicher Betätigung (am Klettersteig, im Abenteuerpark, Kajak, Rafting).

HOTEL

Ein idealer Ausgangspunkt für Wanderungen ist das **€ / € € Le Chalet** (Hotel und Gîte, Haut-Asco, Tel. 04 95 47 81 08, www.hotel-lechalet-asco.com): das Hotel mit den komfortablen Zimmern, das Gîte mit den günstigen Schlafsaalplätzen (mit Restaurant, 12.00–14.30 und 19.30–22.00 Uhr).

INFORMATION

siehe Corte

3 Niolo-Hochebene

Bis zum Ende des 19. Jhs. gab es auf die Hochebene von Niolo keine Straßenverbindung. Und auch heute ist es wegen der unzähligen Kurven auf engen Straßen noch mühsam, das Niolo zu erreichen. Von Westen her ist der Col der Verghio (1477 m), Korsikas höchster Pass, zu überwinden, von Osten ist es die beeindruckende Schlucht Scala di Santa-Régina. **Calacuccia**, der Hauptort des Niolo, liegt an einem Stausee auf gut 800 m Höhe. Durch die Nähe zum Monte Cinto und viele Wandermöglichkeiten hat sich eine recht gute touristische Infrastruktur entwickelt.

HOTEL

Das **€ Hôtel des Touristes** (Calacuccia, Tel. 04 95 48 00 04, www.hotel-des-touristes.com) besitzt eine lange Tradition, es gibt Zimmer mit und ohne Bad. Der Speisesaal wirkt vor allem wegen der interessanten alten Schwarz-Weiß-Fotos nostalgisch.

INFORMATION

Office de Tourisme du Niolu, Route de Cuccia, Calacuccia, Tel. 04 95 48 05 22, www.office-tourisme-niolu.com

4 Restonica-Tal

Die Restonica entspringt auf gut 1700 m im Rotondo-Massiv und fließt bis Corte. Das Restonica-Tal (Gorges de la Restonica) steht seit 1985 unter Naturschutz. Diese Schönheit hat sich herumgesprochen, und so ist die schmale D 623, die sich über rund 15 km durch das Tal windet, im Sommer stark befahren. Ist der große Parkplatz an der Bergerie de Grotelle voll, wird hinter dem Camping Tuani die Schranke geschlossen. Wer dann noch nach oben möchte, muss den Pendelbus nehmen. Im unteren Teil wütete im Jahr 2000 ein Brand und zerstörte einige Hundert Hektar Bergwald, doch im oberen Teil des engen Tals gibt es noch viele uralte Kiefern.

AKTIVITÄTEN

Am Fluss bestehen zwischen den großen Felsbrocken viele **Bademöglichkeiten,** im Sommer ein erfrischendes Vergnügen. Im Frühjahr nutzen **Kajakfahrer** den höheren Wasserstand für Wildwasserfahrten. Bei der Bergerie de Grotelle starten verschiedene **Wanderungen** unterschiedlicher Schwierigkeitsgrade. Im Sommer ist man hier nicht allein unterwegs!

UNTERKUNFT

Das Natursteinhaus des **€ / € € Hôtel de la Restonica** (Vallée de la Restonica, www.hotelrestonica.com) passt sich gut in die Landschaft ein, es hat sieben frisch renovierte Zimmer, Terrasse und Pool. € **Camping Tuani** (6 km im Restonica-Tal, ausgeschildert, Tel. 04 95 46 11 65, www.campingtuani.com, April bis Sept.) liegt wunderschön. Schattige Plätze unter Kiefern, aber nur einfache Sanitäranlagen.

RESTAURANTS
Die € € **Auberge de la Restonica** (Route de Restonica, Tel. 04 95 46 09 58, www.auberge restonica.com) serviert gute korsische Küche, im Sommer auch Pizza und Snacks am Pool. In der € **Bergerie de Grotelle** (am Ende der Straße durchs Restonica-Tal) können sich Wanderer stärken. Mit Käserei und Verkauf.

INFORMATION
siehe Corte

5 Bozio

Das Bozio östlich von Corte ist geprägt von unzugänglicher Bergwelt, winzigen Dörfern und kurvigen Straßen. Im 18. Jh. kamen aus der Gegend viele Freiheitskämpfer, die immer wieder Aufstände anzettelten. Touristisch war das Bozio bis ins 20. Jh. völlig unerschlossen, und auch heute braucht man Zeit, um die Dörfer und verborgenen Schönheiten zu erkunden. Von Corte gibt es zwei Zugangsstraßen: entweder nördlich von Corte die D 41 nach Sermano oder östlich die D 39 nach Favalello nehmen.

SEHENSWERT
Künstlerisch wertvoll sind oftmals kleine Kirchen wie die **Chapelle Saint-Nicolas** hinter Sermano. Sie stammt aus dem 13. Jh. und ist mit gut erhaltenen, 500 Jahre alten Fresken geschmückt. Auch in der kleinen **Chapelle Sainte-Marie** in der Nähe von Favalello gibt es ein halbes Jahrtausend alte Fresken. An kirchlichen Feiertagen wird in Sermano und in anderen Kirchen des Bozio noch die Messe mit dem traditionellen polyphonen Gesang gefeiert.

INFORMATION
siehe Corte

Tipp

Casa di Lucia

Mazzola ist ein winziger Ort im Bozio. Hier wohnen Martine und Jean-Charles Fabiani. Sie betreiben eine € /€ € **Pension**, eine Maison d'Hôtes de Charme. Gäste sind begeistert von den liebevoll eingerichteten Suiten. Wenn das Frühstück auf der Terrasse mit Blick auf die Berge des Bozio serviert wird, möchte man nicht mehr weg. Das Haus dient als Galerie für die Bilder des Gastgebers.

Tel. 04 95 35 90 84,
www.casa-di-lucia.com

Genießen Erleben Erfahren

DuMont Aktiv

Zum Lac de Melo

Eingebettet in die Bergwelt, wirkt der Melosee auf gut 1700 Metern wie ein blaues Auge. Bei schönem Wetter ein herrlicher Platz für ein Picknick – allein wird man den Anblick hier allerdings kaum genießen können, denn dieser Ausflug zählt zu den beliebtesten Korsikas. Besonders voll wird es hier – wie überall – an Sonntagen.

Die Wanderung beginnt am Parkplatz bei der Bergerie de Grotelle. Auf der rechten Talseite führt ein breit ausgetretener, ziemlich steiniger Weg stetig bergauf. Nach einer guten halben Stunde bietet sich in der Bergerie de Melo die Möglichkeit zu einer Erfrischung. Schon kurz darauf gabelt sich der Weg an einem großen Steinhaufen. Die Variante halb rechts ist wegen kurzer, aber gesicherter Kletterstellen und zweier Leitern etwas anspruchsvoller, der einfachere Hauptweg hingegen geht halb links weiter. Er überquert bald den Fluss und führt anschließend über große Steine und Stufen auf der linken Talseite recht kräftig bergauf. Am Melosee treffen sich die beiden Wege dann schließlich.

Wer jetzt noch fit ist, kann eine weitere Etappe in Angriff nehmen und 200 weitere Höhenmeter steil und steinig aufsteigen. Man gelangt dann zum Capitellosee, der bis in den Sommer hinein von Eis bedeckt ist.

Weitere Informationen

Dauer: bis zum Melosee rund 1 ¼ Std. (400 Höhenmeter), zum Capitellosee weitere 45 Min. (200 Höhenmeter).
Anforderung: Ausgetretener, steiniger Weg, teilweise hohe Stufen, Orientierung problemlos; bei Wind kann es unangenehm kühl werden. Keine größeren Schwierigkeiten, aber feste Schuhe sind notwendig.
Tipp: Außerhalb von Juli oder August lässt sich das Panorama mit etwas mehr Ruhe genießen.

An der Bergerie de Grotelle endet die Straße durchs Restonica-Tal.

Endlose Strände vor grünen Hügeln

Costa Verde, Costa Serena und Côte des Nacres – an der Ostküste reiht sich ein Sandstrand an den anderen. Dahinter breiten sich, so weit das Auge reicht, in der fruchtbaren Schwemmlandebene Weinfelder und Obstplantagen aus. Sie gehen in ein grünes Hügelland über, in dem uralte, fast verlassene Dörfer mit viel zu großen Kirchen weithin sichtbar auf fast jeder Bergrippe thronen.

Am Strand von Solenzara, wo sich Côte des Nacres und Costa Serena begegnen, bestimmen Sonnenbaden und Schwimmen das Programm.

Auch Orangenbäume gedeihen an der Ostküste.

Schroff und spitz sind die Felsen des Bavella-Massivs im Süden Korsikas.

Die Pisten auf der Hochebene von Coscione sind allenfalls mit Geländewagen befahrbar.

Begegnung unterwegs auf den Wegen des Bavella-Massivs

Special

Wein aus Korsika

Rebenvielfalt

Im Gegensatz zu den einfachen oder sogar gepanschten Weinen von vor 40 Jahren braucht sich korsischer Wein heute nicht hinter den bekannten Anbaugebieten auf dem Festland zu verstecken.

In der Plaine Orientale wird der Wein fast ausschließlich auf großen Gütern produziert, im Rest Korsikas überwiegen die kleinen, familiären Betriebe. Rund 90 Prozent der Inselweine sind Rotweine. Tafelweine haben die Bezeichnung „Vin de Pays de L'Île de Beauté", die Bezeichnung „Vin de Corse" hingegen Weine, die nicht einer einzigen Region zuzuordnen sind. Das AOC-Gütesiegel (Appellation d'Origine Contrôlée) tragen Weine aus den Regionen Ajaccio, Calvi, Coteaux du Cap Corse, Figari, Patrimonio, Porto-Vecchio und Sartène, Muscat du Cap Corse oder Vins de Corse. Neben der AOC-Region ist auf dem Etikett noch der Name der Kellerei angegeben, vor dem entweder Clos oder Domaine vermerkt ist. Bekannte Weißweine sind der Malvasia sowie der süße Muscat vom Cap Corse. Auch der rote Rappu ist ein natursüßer Dessertwein vom Cap. Rosé-Weine aus den lokalen Rebsorten Nielluccio und Sciacarello gibt es aus Porto-Vecchio und Patrimonio. Rotweine, meist aus lokalen Rebsorten gekeltert, kommen aus fast allen korsischen Regionen. Der trockene, rote Nielluccio stammt aus der Region Patrimonio.

Auf den Wein kann man sich freuen ...

Die Ostküste ist eine Wohltat, zumindest für Autofahrer, die einige Wochen durch Korsika gefahren sind und gefühlte zehn Millionen Kurven hinter sich haben. Endlich einmal führt die Straße kilometerlang einfach nur geradeaus. Verantwortlich dafür ist die Plaine Orientale, die sich von der Alesani-Mündung über Aléria, die einstige römische Stadt, bis nach Solenzara erstreckt. Dort wird's aber schon bald wieder gebirgig: Westlich des Badeortes führt der Weg über viele Kurven ins Bavella-Massiv, dessen markante Felsspitzen an „Nadeln" erinnern.

Begehrlichkeiten

Bei Aléria beginnen die Berge erst hinter der fruchtbaren Schwemmlandebene des Tavignano, mehrere Kilometer entfernt im Landesinnern. Nachdem die Amerikaner mit reichlich DDT am Ende des Zweiten Weltkrieges die Malaria ausgerottet hatten, konzentrierte sich hier fast die gesamte Landwirtschaft der Insel. Das einst sumpfige Gebiet verwandelte sich in Weinfelder, Obstplantagen, Weiden und Wiesen – dank der mit Geldern der französischen Regierung hier angesiedelten Algerien-Franzosen, der „pieds-noirs". Sie legten Monokulturen an, produzierten Wein, panschten ihn, wenn nötig, auch mit Zucker, ruinierten

Im „Aux Coquillages de Diana“ kommen die Austern von der benachbarten Lagune direkt auf den Tisch (ganz oben). Im Landesinnern sprudeln die Cascades des Anglais. Immer wieder sind wilde Hausschweine zu sehen.

Die Ausstellungsstücke im Museum von Aléria zeigen viele Facetten des römischen Lebens.

Die Ausgrabungen in Aléria bringen Ausmaß und Bedeutung der einstigen römischen Hauptstadt in Korsika nahe.

damit den Ruf des korsischen Weines und handelten sich dafür mächtig Ärger ein. Denn irgendwann protestierten die frustrierten Korsen gegen Bevormundung, Unterdrückung, Überfremdung und Benachteiligung – es sollte der Anfang des teils militanten Kampfes für ein autonomes Korsika sein. Heute herrscht relative Ruhe, der korsische Wein hat wieder einen guten Ruf und die Befreiungsbewegungen sind eher ratlos.

König eines Sommers

Die weiße Büste sieht fast schon so mitgenommen aus wie die bröckelnde Fassade, vor der sie seit 2003 steht. Eine Messingtafel am Sockel gibt Aufschluss: „Théodore de Neuhoff, Roi de Corse en 1736 a résidé au Palais Episcopal de Cervioni." Der Standort, etwas versteckt neben der Barockkirche von Cervione, lässt zweifeln, ob man Theodor von Neuhoff (1694–1756) ehren wollte oder ob der kleinen Stadt im Hinterland der Costa Verde dieser König eher peinlich ist.

In jedem Fall war er für eine der skurrilsten Episoden in der Geschichte Korsikas verantwortlich: Im März 1736 landete der deutsche Baron von Neuhoff mit einem Schiff voller Waffen, Munition und Getreide in Aléria. Aufgeputzt mit scharlachrotem Seidenkaftan, mit Federhut und Säbel, traf er auf hungernde und verzweifelte Korsen, denen er Hilfe gegen die Genuesen versprach. Sie glaubten ihm und wählten ihn einen Monat später zu ihrem ersten König – es sollte auch der letzte bleiben. Den Bischofspalast von Cervione machte er zu seinem Amtssitz

Die gesamte Ostküste ist ein einziger Sandstrand.

und den Ort damit zur Hauptstadt des Königreichs Korsika. Seine wichtigsten Amtshandlungen in den folgenden Monaten erschöpften sich allerdings in der

Am Südrand der Castagniccia liegt das Städtchen Cervione, wo einst Baron von Neudorff residierte.

Moriani-Plage ist einer der wenigen Orte an der Ostküste Korsikas, die direkt an Strand und Meer liegen.

Eine Ruine erinnert bei Piedicroce in der Castagniccia an den Couvent d'Orezza, einen Ort des Widerstandes gegen die Genuesenherrschaft.

Im Straßencafé in Cervione lässt sich der Tag ganz entspannt beginnen.

Heute lebt kaum noch jemand in den pittoresken Dörfern, und die Kastanienwälder werden nicht mehr bewirtschaftet.

Verleihung diverser Adelstitel. All seine Versprechungen konnte Theodor I. nicht einlösen und er musste deshalb schon im November, gescheitert an der eigenen Selbstüberschätzung, die Insel verlassen. Auch danach sollte das Glück nicht auf seiner Seite stehen, denn von Neuhoff starb völlig verarmt in England.

Der korsische Brotbaum

Nördlich von Cervione erstreckt sich die Castagniccia, die ihren Namen den Kastanienwäldern und diese den Genuesen verdankt. Denn die verpflichteten im 15. Jahrhundert jeden Korsen per Gesetz, im Jahr mindestens vier Bäume zu pflanzen. Die Esskastanien gediehen prächtig und entwickelten sich zum korsischen Brotbaum, denn sie leisteten einen wichtigen Beitrag zur Ernährung der Bevölkerung. Auch das Vieh freute sich über nahrhaftes Futter. Damals hatte die Castagniccia die höchste Bevölkerungsdichte Korsikas, und jedes Dorf besaß als weithin sichtbares Zeichen des Wohlstands eine prunkvolle barocke Kirche.

Die Kirchen gibt es noch heute, doch sonst hat sich viel geändert. Denn nach dem Ersten Weltkrieg brach der Markt für Kastanienmehl dramatisch ein, als Folge davon lebt heute kaum noch jemand in den pittoresken Dörfern, und die Kastanienwälder werden nicht mehr bewirtschaftet. Zudem setzt eine Pilzerkrankung den Bäumen zu. Nur die verwilderten Hausschweine schlagen sich noch die Bäuche mit Kastanien voll. Einige Tonnen Kastanien werden weiterhin geerntet, getrocknet, geröstet und zu Mehl gemahlen, dann zu Konfitüre, Eis, Gebäck und Kuchen verarbeitet und vorwiegend in Spezialitäten- und Souvenirläden verkauft; der Rest verrottet.

Korsikas Badewanne

Die gesamte Ostküste ist ein einziger Sandstrand. Um das touristische Potenzial auszuschöpfen, schmücken sich die einzelnen Küstenabschnitte mit klangvollen Namen: Im Norden ist es die Costa Verde, die grüne Küste, um Aléria die Costa Serena, die heitere Küste, und daran anschließend die Côte des Nacres, die Perlmutt-Küste. Keiner der Orte außer Moriani und Solenzara hat Kontakt zum Meer, alle sind sie modern und geschichtslos. Im Sommer spielt sich das Leben überwiegend am Meer ab, in den Villages de Vacances, auf Campingplätzen, in Feriendörfern, Bungalowanlagen, FKK-Zentren und privaten Ferienhäusern. Die Ostküste zieht wegen der flach abfallenden Strände und der Wassersportmöglichkeiten Familien an. Doch auch für passionierte Strandurlauber lohnen sich Ausflüge in die Umgebung.

Enge Gassen und steile Treppen prägen das einstige Festungsdorf Vescovato in der Casinca.

„Die Häuser, planlos und ohne erkennbare Anordnung verstreut, bedecken die Kuppe einer kleinen Hochfläche ...“

aus: Prosper Mérimée, Colomba

Das Dorf La Porta in der Castagniccia wird wegen seiner reich verzierten Barockkirche Saint-Jean-Baptiste gerne aufgesucht.

ASTERIX AUF KORSIKA

Typisch korsisch

Für manche sind die Abenteuer von Asterix und Obelix nur Comics, für andere sind sie einfach Kult. Im Band Nummer 20 – „Asterix auf Korsika" – brilliert das Autorenduo René Goscinny und Albert Uderzo nicht nur durch witzige Einfälle, sondern auch durch viele kleine Seitenhiebe auf die Eigenarten der Korsen.

Albert Uderzo mit seinen liebenswerten Stars der Comics: Asterix und Obelix.

Zur Vorbereitung des Bandes haben die Autoren mehrere Wochen auf Korsika verbracht, ihr Inselporträt ist deshalb sehr einfühlsam geworden: „Für den größten Teil der Menschheit ist Korsika die Heimat eines Kaisers, der ebenso wenig aus der Geschichte wegzudenken ist wie unser alter Freund Julius Cäsar. Aber Korsika ist auch das Land, wo es Blutrache gibt, die Siesta, politische Intrigen, aromatischen Käse, wilde Schweine, Esskastanien und alterslose Greise, die einfach nur zuschauen (...), wie die Zeit vergeht. Korsika ist aber noch mehr. Es gehört zu den bevorzugten Fleckchen Erde, die Eigenart, ja sogar Persönlichkeit besitzen, denen weder die Zeit noch die Menschen etwas anhaben können. Korsika ist eine der bezauberndsten Gegenden der Welt und trägt zu Recht den Namen ‚Insel der Schönheit'. Aber wozu diese Einleitung, wird man sich fragen. Weil die Korsen, denen man nachsagt, sie seien Individualisten von überschäumendem Temperament, doch gleichzeitig beherrscht und gelassen in ihrem Gehabe, gastfreundlich, ihren Freunden treu, heimatverbunden, redegewandt und mutig, noch eine andere Eigenschaft haben: Sie sind leicht beleidigt."

Albert Uderzo, Zeichner und Mit-Autor der Asterix-Bände, in seinem Atelier im französischen Neuilly

Nicht ohne Stirnband

Am Beginn der Geschichte wird der korsische Rebell Osolemirnix aus römischer Gefangenschaft befreit und von Asterix und Obelix zurück nach Hause begleitet. Entlang der Küste Korsikas befinden sich rund vier Dutzend Römerlager, allesamt mit einfallsreichen Fantasienamen bedacht, doch die vier Städte Mariana, Aleria, Portus Syracusanus und Agylla sind historisch korrekt. Der Name des Gefangenen Osolemirnix spielt auf den Schlager „O sole mio" des korsischen Sängers Tino Rossi an. Im ganzen Band werden immer wieder Klischees bedient, wie die freiheitsliebenden Korsen ihre Unabhängigkeit von Rom behaupten oder wie ihr völlig übertriebenes Ehrgefühl sie immer wieder in verschiedene Lager spaltet. Auch das hinter dem Kopf geknotete Stirnband, das Wappen Korsikas, taucht mehrfach auf. Selbst die Besiedlung Korsikas durch die Genuesen wird dezent im Namen des Korsen Azurix thematisiert, der auf die Trikotfarben der italienischen Nationalmannschaft anspielt. Geradezu brillant ist manche Persiflage auf die lange praktizierte Blutrache: Die Gründe für die Streitigkeiten zwischen den einzelnen Sippen sind so vielfältig wie lächerlich.

Natürlich Napoleon

Auch Napoleon kommt mehrfach vor. Mit der rechten Hand im Mantel, der berühmten Pose von Kaiser Napoleon, belehrt Osolemirnix den geschlagenen Crassus Vampus: „Denn ein Kaiser, den die Korsen akzeptieren, muss Korse sein!" Napoleons Schlacht von Austerlitz findet sich in dem Namen des korsischen Anführers Austerlix wieder. Wie in der historischen Schlacht Napoleons kommt auch hier der rechte Flügel zu spät, aber gerade noch rechtzeitig bei Sonnenaufgang. Auch Napoleon begann den Angriff bei Austerlitz, als die Sonne aufging.

Gegessen werden in dem Band die „ungezähmten Hausschweine", Kastanien und natürlich Käse, der durch seinen intensiven Geruch sogar ein Piratenschiff explodieren lässt. Zweifelsohne eine Anspielung auf den Casjiu Merzzu, den verdorbenen Käse, der vor dem Verzehr mitsamt der in ihm lebenden Maden mit Trester übergossen wird. Auch Landschaft und Dörfer sind als typisch korsisch wiederzuerkennen: grüne Hügel, Genuesenbrücken und Häuser aus Naturstein.

Das Inselporträt der Autoren ist sehr einfühlsam geworden.

Die schönsten Plätze zum Baden

Sand, Felsen und Meer

Türkisfarbenes Wasser, weißer Sand, ein leuchtend blauer Himmel und strahlender Sonnenschein sind die besten Voraussetzungen für einen gelungenen Badeurlaub. Korsika, die Insel der Schönheit, besitzt von allem reichlich. Und selbst bei einem Ausflug ins Inselinnere warten in so manchem Fluss erfrischende Badebecken.

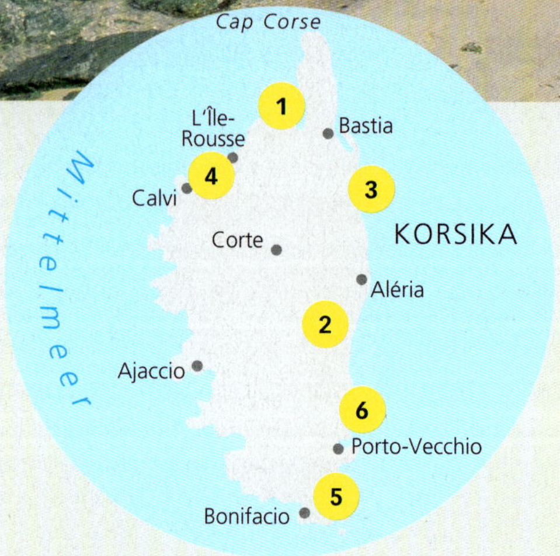

1 Plage de Saleccia

Durch das glasklare, azurblaue Wasser und den schneeweißen Sandstrand der Bucht wähnt man sich an der Plage de Saleccia eigentlich eher in der Karibik als im Norden Korsikas. Und ein bisschen darf man sich an diesem Traumstrand sogar wie Robinson fühlen, denn voll wird es hier zum Glück nur selten.

Nur mit dem Boot von Saint-Florent oder über eine Allradpiste ist die Plage de Saleccia zu erreichen. Mit entsprechender Kondition bietet der Küstenwanderweg Sentier du Littoral ab Saint-Florent eine weitere Möglichkeit.

2 Fium Orbo

Am Strand wird es doch zu heiß? Dann bringt ein Abstecher ins Landesinnere zum Fluss Fium Orbo Abkühlung. Eiskalt plätschert sein Wasser in der engen Schlucht durch ein Felsenlabyrinth, immer wieder laden kleine Badebecken zu einem erfrischenden Bad ein. Wem es zu kalt wird, der sucht sich auf den Felsen ein warmes Sonnenplätzchen.

Südlich von Ghisonaccia an der D 344 eine Parkbucht suchen und auf dem unbefestigten Weg hinunter zum Fluss laufen.

3 Moriani Plage

An einem der Hauptstrände der Costa Verde, die sich an der Ostküste der Insel erstreckt, fühlen sich vor allem Aktive und Familien wohl. An dem feinen, gelblichen Sandstrand gibt es eine Flachwasserzone, die sich auch ideal für kleinere Kinder eignet. Wer einen kleinen Adrenalinschub sucht, der kann Surfen, Jetski oder Boot fahren. Im Ort gibt es aber auch viele Restaurants und Shoppingmöglichkeiten.

Moriani Plage liegt an der Ostküste, ca. 40 km südlich von Bastia.

4 Baie de Calvi

Die Füße im feinen Sand, lässt man den Tag ganz entspannt unter weißen Sonnensegeln im Le Mata Hari an einem verträumten Strand ausklingen und gönnt sich, nur wenige Meter vom Meer entfernt, ein wunderbar exotisches Curry. Anschließend wartet man geduldig auf den kitschig-schönen Sonnenuntergang. Die kleine Sandbucht zwischen Felsen eignet sich tagsüber natürlich auch zum Baden.

Restaurant Le Mata Hari, Lumio, Calvi, Tel. 04 95 60 78 47, www.lematahari.com

5 Plage de Palombaggia

Der bekannteste Strand Korsikas begeistert mit weißem Sand, blauem Meer, roten Felsen und einem herrlich duftenden Pinienwald. Der sorgt dafür, dass man von den Ferienhaussiedlungen wenig mitbekommt und die Natur genießen kann. Soviel Schönheit hat sich allerdings herumgesprochen, allein wird man hier deshalb selten sein.

Der Strand liegt ca. 10 km südöstlich von Porto-Vecchio und ist mit dem Auto zu erreichen.

6 Plage de Pinarello

Diese sanft geschwungene Bucht trägt das Prädikat Traumstrand und ähnelt der Plage de Palombaggia. Mitten im Pinienwald liegt der Campingplatz California, vom Zelt oder Wohnmobil sind es nur wenige Schritte zum Meer.

Der Strand befindet sich ungefähr 17 km nordöstlich von Porto-Vecchio. Er ist mit dem Auto erreichbar.

Camping California, Ste. Lucie de Porto Vecchio, Tel. 04 95 71 49 24, www.camping-california.ne

Maßstab 1:325.000
0
3
6km
1
2
3
4
Costa Verde
Côte des Nacres
Plaine Orientale
Castagniccia
Fiumorbo
Parc Naturel Régional de Corse
Corte (Corti)
Aleria
Ghisonaccia (Ghisunaccia)
Solenzara (Sulinzara)
Loreto-di-Casinca
Cervione (Cervioni)
Moriani-Plage
Prunete
Vescovato
Venzolasca
Folelli
San Nicolao
Valle-di-Campoloro
Port de Campoloro (U Portu di u Campuloru)
Fratta
Tour d'Alistro
Phare d'Alistro
Bravone
Marine de Bravone
Riva Bella
Tour de Diane
Étang de Diane
Étang del Sale
Étang d'Urbino
Étang de Palu
Tour de Viginale
Prunelli-di-Fiumorbo
Ventiseri
Travo (U Travu)
Marine de Solaro (Marina di u Sulaghju)
Sari-di Solenzara
Col de Bavella
Aiguilles de Bavella
M. Incudine
M. Renoso
M. Rotondo
M. d'Oro
M.Cinto
Forêt de Vizzavona
Col de Vizzavona
Col de Verde
Défilé de l'Inzecca
Gorges de l'Asco
Gorges de la Restonica
Scala di Santa Regina
Ponte Leccia
Morosaglia
Piedicroce
Venaco (Venacu)
Vivario (Vivariu)
Bastelica
Zicavo (Zicavu)
Ghisoni
Casamozza
Lucciana
Borgo (U Borgu)
la Canonica
Bastia-Poretta
Fort Matra
Ruines Romaines
Casabianda
Centre de Vacances
Village de Vacances
Camp du Cap Sud
Anse de Cannella

Weites Land mit Wein und Kastanien

Von Bastia bis nach Solenzara ist die Ostküste ein fast ununterbrochener Sandstrand. Auf dem oftmals flachen, fruchtbaren Schwemmland wächst Tafelwein, aber auch so mancher gute Tropfen. Die weite Ebene gibt den Blick frei auf grünes Hügelland.

1 Castagniccia und Casinca

Das korsische Wort Castagniccia bedeutet Kastanienhain und bezeichnet das Hügelland im Nordosten der Insel. Im 16. Jh. verpflichteten die Genuesen jeden Landbesitzer zum Pflanzen von Kastanienbäumen. Damals war die Castagniccia relativ reich, heute wohnen hier nur noch wenige Menschen. Nördlich des Fium'Alto schließt sich die kleinere Casinca an, deren Dörfer meist malerisch auf Hügelkuppen liegen. Wegen der Nähe zu Bastia ist die Casinca nicht so stark von der Entvölkerung betroffen wie die Castagniccia.

SEHENSWERT

Cervione (1500 Einw.), am südlichen Rand der Castagniccia und hoch über dem Meer gelegen, war Bischofssitz und Residenz des einzigen Königs von Korsika. Stolz erhebt sich die barocke Kathedrale Saint-Erasme aus dem 18. Jh. im Ort. Im einstigen Bischofspalast gibt es ein ethnografisches Museum (Mo.–Sa. 9.00–12.00 und 14.00–18.00, im Sommer bis 19.00 Uhr).
Auch in **Piedicroce** über dem Orezza-Tal, im Herzen der Castagniccia, ist die Kirche stattlich. Die Église Saint-Pierre et Saint-Paul ist ebenfalls ein Barockbau mit prächtigem Innenraum. In der Nähe des Ortes sprudelt das bekannteste Mineralwasser der Insel aus der Source d'Orezza.
Nur noch rund 250 Menschen leben im nördlich davon gelegenen **La Porta**. In der Kirche Saint-Jean-Baptiste von 1707 mit dem imposanten Campanile könnte ein Vielfaches der Einwohnerzahl dem Gottesdienst folgen.
Im nordwestlich gelegenen Bergdorf **Morosaglia** wurde der Nationalheld Pasquale Paoli geboren, in seinem Geburtshaus erinnert ein Museum an ihn (Maison Natale de Pasquale Paoli, April–Sept. Mi.–Mo. 9.00–12.00 und 14.30 bis 19.30, sonst 9.00–12.00 und 13.00–17.00 Uhr). In der kleinen Kapelle neben dem Museum befindet sich die Urne mit der Asche Paolis, die 1889 aus der Londoner Westminster Abbey nach Morosaglia überführt worden war.

EINKAUFEN

Bei **Essences Naturelles Corses**, auf dem Bordeo-Hof (Bordeo, San Nicolao, Tel. 04 95 38 46 04, www.enc.fr, Verkauf: Juni–Sept. Mo. bis Sa. 10.00–12.30 und 15.00–19.00, Okt.–Mai Mo. bis Fr. 10.00–12.00 und 14.00 bis 17.00 Uhr; Hofführungen Juni–Sept. Mo, Mi. und Fr. 10.00 (frz.) bzw. 10.30 Uhr (dt.)) dreht sich einfach alles um die verlockenden Düfte Korsikas – vom Besuch des Aromagartens über die Gewinnung der ätherischen Öle bis hin zum fertigen Produkt im Laden.

UMGEBUNG

Moriani-Plage ist der beliebteste Badeort der Costa Verde, im Sommer herrscht hier allerdings Hochbetrieb.

INFORMATION

Office de Tourisme de la Costa Verde,
an der R 198, Moriani-Plage,
Tel. 04 95 38 41 73,
www.castagniccia-maremonti.com

> **Tipp**
>
> ### Baden und klettern
>
> Zwischen Ghisoni und der Auberge A Vecchia Mina gibt es bei einer markanten Y-förmigen Kiefer eine kleine Parkbucht. Von hier führt ein anfangs breiter Pfad in wenigen Minuten zum Fluss. Mehrere kühle Badebecken zwischen Felsen, auf denen man sich sonnen kann, laden zu einer Pause ein. Zurück an der Auberge können Mutige sich im Hochseilgarten versuchen. Oder man genießt einfach das gute Essen dort.
>
> **INFORMATION**
> Restaurant: Mai–Okt.; Klettergarten: www.indian-forest-corse.fr

2 Aléria

Die älteste Siedlung Korsikas liegt im fruchtbaren Schwemmland des Tavignano und ist von Weinmonokulturen und einigen Obstplantagen umgeben. Um 560 v. Chr. von griechischen Phokäern gegründet, 300 Jahre später von Römern besiedelt, lebten hier zur Blütezeit bis zu 20 000 Menschen. Im 5. Jh. wurde die Stadt von Vandalen zerstört. Gegenwärtig hat Aléria 2200 Einwohner.

Saint-Jean-Baptiste mit Campanile in La Porta

SEHENSWERT

Das historische Aléria liegt strategisch günstig auf einem Hügel auf der Südseite des Flusses. Der Rundgang durch die Ruinen beginnt beim **Archäologischen Museum** im Fort Matra, einer Genuesenburg aus dem 16. Jh. Zu sehen sind allerlei antike Fundstücke der Grabungen, etliche Grabbeigaben, Vasen und Münzen. Das Ruinenfeld weist diverse Reste der Römerstadt auf, und mit ein bisschen Fantasie sind sogar das Forum, das öffentliche Badehaus und auch die alten Tempelmauern zu erkennen (Musée départemental d'Archéologie Jérôme Carcopino, Tel. 04 95 57 00 92, Mitte Mai–Sept. tgl. 9.00–12.00 und 13.00–18.00, sonst 8.00–12.00 und 13.00 –17.00 Uhr).

STRAND
Der schönste Strand bei Aléria (3 km) ist die Plage de Padulone an der Mündung des Tavignano, gut zu erreichen über die RN 200.

UNTERKUNFT
Wer ein kleines Stadthotel mit klimatisierten, frisch renovierten Zimmern sucht, sollte sich im **€ / € €** L'Atrachjata (im Zentrum von Aléria, nördlich des Flusses, Tel. 04 95 57 03 93, www.hotel-atrachjata.net) einquartieren.
Schattige Plätze unter Pinien direkt am Strand bietet der Campingplatz **€** Marina d'Aleria (an der Stichstraße zum Meer, Tel. 04 95 57 01 42, www.marina-aleria.com, Mai bis Mitte Okt. geöffnet). Komfortabel mit guten Sanitäranlagen, Vermietung von Chalets und Mobilheimen.

EINKAUFEN
Korsischen Whisky destilliert und verkauft die **Domaine Mavela** (5 km südlich von Aléria auf die D 343 abbiegen, von da an ausgeschildert, Tel. 04 95 56 63 15, Mitte Apr.–Mai tgl. 9.00–18.00, So ab 14.00, Juni–Sept. tgl. 9.00–20.00, Dez.–Mitte Jan. tgl. 10.00–19.00 Uhr, www.domaine-mave la.com), darunter ist auch ein Single Malt. Außerdem im Verkaufsraum: Charcuterie, Honig, Olivenöl.

UMGEBUNG
Nördlich liegt der **Étang de Diane** TOPZIEL, früher ein römischer Hafen, heute eine Salzwasserlagune, in der Muscheln und Fische gezüchtet werden. Schon zu römischer Zeit hat man hier Austern geerntet, die, in Salz eingelegt, als Delikatesse geschätzt wurden. Die Schalen landeten im Wasser und bildeten die Fischerinsel (Îlot des Pêcheurs). Im schwimmenden Restaurant **€ / € € Aux Coquillages de Diana** (Tel. 04 95 57 04 55, www.restaurant-coquillagesdediana-aleria.com, Juni bis Sept. tgl. geöffnet) werden frische Austern serviert. Das **Tavignano-Tal** ist seit jeher eine wichtige Verbindung von Aléria nach Corte und mittlerweile durch die N 200 erschlossen. Einen Stopp lohnt die Genuesenbrücke aus dem 17. Jh. bei Altiani. Der Abstecher über die D 14 und die D 314 führt zu den ruhigen Bergdörfern Pancheraccia, Pietraserena und Piedicorte di Gaggio. **Pancheraccia** ist der einzige Marienwallfahrtsort Korsikas, und Anfang September versammeln sich an der Kapelle Nôtre-Dame viele Gläubige. **Pietraserena** besitzt eine barocke Kirche, doch das Schönste ist der weite Blick zum **Monte d'Oro, Monte Rotondo** und bis zum Meer. **Piedicorte di Gaggio**, 750 m über dem Meer auf einer Bergrippe gelegen, erkennt man schon aus der Ferne am Campanile der Kirche Santa Maria Assunta.

INFORMATION
Office de Tourisme d'Aléria, an der Durchgangsstraße, Aléria, Tel. 04 95 57 01 51, www.corsica-costaserena.com

Tipp

„Le Pasquale Paoli"

In England gibt es in jedem Dorf einen Pub, aber auf Korsika ist das urgemütliche Pasquale Paoli ziemlich einzigartig. Hier wird Bier der lokalen Marke „A Tribbiera" gezapft, als Mezzu (0,25 l), Pinta (0,5 l), Carafon (1 l) und für den ganz großen Durst als Funtana (2 l). Am Anfang sollte man aber die Proberunde bestellen, um sein Lieblingsbier zu finden. Zur Wahl stehen: Prima (mit Früchten vom Erdbeerbaum), Dea (Pilsner), Mora (dunkles Stout), Embria (Dreikorn-Ale) und Apa (hell mit Honig und Kastanienmehl). Zum Bier gibt es leckere Kleinigkeiten und klasse Musik, meistens Rock und Oldies.

INFORMATION
Casamozza, 3 km südl. von Ghisonaccia an der N 198, Tel. 04 95 56 37 23

Eindrucksvolle Ruinen bei Aléria (oben); Schilfgras bietet den Tieren Schutz (oben rechts). Austernbänke ziehen sich durch den Étang de Diane, die Lagune an der Küste (rechts).

3 Ghisonaccia

Bewässerungsprojekte haben die Umgebung Ghisonaccias zum landwirtschaftlichen Zentrum Korsikas gemacht, in dem hauptsächlich Wein angebaut wird. Der Ort mit knapp 4000 Einwohnern liegt in der Mitte der Ostküste und besitzt ein geschäftiges Zentrum entlang der Durchgangsstraße. Rund 4 km vom Meer entfernt und ohne Sehenswürdigkeiten, bleibt allerdings kaum jemand länger. Am Meer gibt es mehrere Ferienanlagen, die wegen der langen Sandstrände der Costa Serena beliebt sind.

RESTAURANT
Am Ende der Stichstraße zum Meer liegt das **€ Restaurant Les deux Mâts** (Plage de Vignale/Route de la Mer, Tel. 04 95 56 15 61) direkt am Sandstrand. Auf der Speisekarte kann man in erster Linie zwischen Fischgerichten und Pizza wählen.

UMGEBUNG
Schon die Römer ließen es sich in den warmen Quellen von **Pietrapola** gut gehen. Der Ort liegt über dem linken Ufer des Flusses Abatesco rund 8 km südlich. Seit 1978 ist er mit seinen sieben heißen, schwefelhaltigen Quellen als Thermalbad anerkannt. Etwa 6 km vom Meer entfernt, bietet das **€ € Hameau de Piubelli** (Abbazia, 20243 Prunelli di Fium orbu, Tel. 04 95 56 09 44) einfache Unterkunft in Selbstversorgerhäuschen. Üblich ist die Buchung für eine Woche. Mit Park, Pool und Tennisplatz.
Rund 25 km lang ist der Ausflug von Ghisonaccia auf der D 344 in Richtung Westen nach Ghisoni. Man erlebt bei der Fahrt das wilde Tal des Fium'Orbo. Der Unterlauf des Flusses ist noch nicht besonders spektakulär, doch spätestens bei der Fahrt durch die wilden Schluchten **Défilé de l'Inzecca** und **Défilé de Strette** wird man von der Landschaft begeistert sein.
Hauptdorf in der Bergregion Fiumorbo ist **Prunelli di Fiumorbo**. Es ist zum einen wegen seiner Wehrkirche Santa-Maria und des ethnografischen Museums Mnemosina (Place de la Résistance, Tel. 04 95 56 74 75, Sa. 15.00–18.00 Uhr) besuchenswert, zum anderen natürlich wegen der wunderschönen Aussicht auf die Umgebung.

Schon zu römischer Zeit hat man hier Austern geerntet, die, in Salz eingelegt, als Delikatesse geschätzt wurden.

INFORMATION
Office de Tourisme Ghisonaccia, Route de Ghisoni (N 198), Ghisonaccia, Tel. 04 95 56 12 38, www.corsica-costaserena.com

4 Solenzara

Der kleine Badeort liegt am Südrand der weiten Schwemmlandebene an der Mündung des gleichnamigen Flusses. Eine gute touristische Infrastruktur, rund 500 Liegeplätze im Jachthafen und lange Sandstrände machen Solenzara zu einem beliebten Urlaubsort. Nördlich erstrecken sich die Sandstrände der Côte des Nacres (Perlmutt-Küste) mit Eukalyptusbäumen, im Süden sind es eher kleine, von Felsen gesäumte Buchten.

AKTIVITÄTEN
Im Forest Parc (Route de Bavella, Tel. 06 25 97 27 95, www.forestparc-corse.com, 7 km ab Solenzara in Richtung Bavella-Pass) gibt es für Sportliche am Flussufer einen Abenteuerpark samt Via Ferrata (Klettersteig).

HOTEL
Ein kleines Hotel mit 28 klimatisierten Zimmern ist das **€ € La Solenzara** (Quartier du Palais, Tel. 04 95 57 42 18, www.lasolenzara. com). Die rückwärtigen Zimmer sind ruhig und geben den Blick in die Ferne frei. Nettes Extra: Pool und Wellnessbehandlungen.

RESTAURANT
Die **€ Auberge du Col de Bavella** (Tel. 04 95 72 09 87, www.auberge-bavella.com) ist eine einfache Herberge mit 30 Plätzen kurz unterhalb des Passes und vor allem bei GR-20-Wanderern beliebt. Die Familie Grimaldi sorgt schon in der dritten Generation für Gastlichkeit, das Restaurant serviert typisch korsische Gerichte, teils wird selbst geschlachtet.

EINKAUFEN
Im Spezialitätengeschäft **A Buttega di a Mandria** (Quartier U Palazzu, Tel. 04 95 31 59 35) gibt es allerhand leckere korsische Produkte: Käse, Charcuterie, Honig, Wein, Olivenöl und vieles mehr.

UMGEBUNG
Die Fahrt über die D 268 zum **Col de Bavella** TOPZIEL (1218 m) sollte man nicht verpassen, auch wenn die Strecke über 30 Kilometer hinweg eng und kurvig ist. Schluchten, Macchia, Kiefernwälder und die bizarren „Nadeln" des Bavella-Massivs sorgen für Abwechslung, die Badebecken im Solenzara-Fluss für Abkühlung. Kürzer ist der Abstecher von Solenzara zum kleinen, ruhigen Dorf **Sari** am Monte Santu, das 450 m über dem Meer liegt. Dadurch aber ist die Aussicht vom Kirchplatz grandios.

INFORMATION
Office de Tourisme de la Côte des Nacres, an der N 198, Sari Solenzara, Tel. 04 95 57 43 75, www.cotedesnacres.com

Genießen Erleben Erfahren

DuMont Aktiv

Immer am Wasser entlang

Zwischen Aléria und Ghisonaccia liegt der Étang d'Urbino, eine nur durch eine schmale Nehrung vom Meer getrennte Lagune. Der weitgehend naturbelassene Strand eignet sich für lange Wanderungen, denn hier herrscht auch im Sommer kein Gedränge.

Am Ende der Straße von Ghisonaccia gen Meer sonnen sich die Gäste des Campingplatzes Perla di Mare am Strand, doch schon nach einigen Metern wird es leerer. Der Sandstrand in Richtung Norden ist von Anfang an von Pinien- und Buschwald gesäumt. Mehr als eine Stunde geht es so auf dem Sand entlang: zur Linken das Naturschutzgebiet, zur Rechten das Meer.

Dann zeigt sich die Lagune, an der sich häufig Silberreiher, Graureiher, Eisvögel und Kormorane im dichten Schilf tummeln. Unter der Wasseroberfläche liegen Austernbänke. Beide Lagunen, der Étang d'Urbino und der nahe Étang de Diane, liefern rund drei Viertel der auf Korsika verzehrten Austern. Die Wanderung führt nun für rund eine halbe Stunde über die Nehrung, bis es an einem schmalen Kanal, der Verbindung zum Meer, nicht mehr weitergeht. Hier bietet sich ein herrlicher Blick auf das Meer, die Lagune und die Berge.

Weitere Informationen

Dauer: Die hier beschriebene Wanderung dauert einschließlich Rückweg ungefähr 4 Std. Für eine wesentlich kürzere Variante biegt man einfach vor dem Strand links ab und folgt dem holprigen Fahrweg bis zum Ende. Von hier aus sind es dann gerade noch 15 Min. bis zum Beginn der Lagune.

Restaurant: Zum schwimmenden Restaurant Ferme d'Urbino, das in idyllischer Lage und vor einem einnehmenden Panorama wunderbar frische Austern serviert, fährt man auf der N 198 von Ghisonaccia ca. 6 km Richtung Norden bis zu einem beschilderten Abzweig, der einen schließlich zum Ziel führt.

Ein stilles Naturparadies zwischen Land und Meer – die schilfbestandene Lagune des Étang d'Urbino beheimatet eine Vielzahl interessanter Tiere und Pflanzen.

Insel der Schönheit

Im Dreieck zwischen den Städten Propriano, Bonifacio und Porto-Vecchio zeigt sich Korsika von seiner schönsten Seite. Weiße Steilküsten und kleine Buchten mit feinem Sand, davor das türkisblaue Meer, dahinter grüne Pinien – hier findet jeder sein Lieblingsplätzchen. Und noch ein Superlativ: Bonifacio, die schönste Stadt Korsikas, thront mutig auf einem hohen Kreidefelsen. Ganz anders – bescheiden und ein wenig düster – gibt sich Sartène, die korsischste aller Städte.

Das Naturschutzgebiet der Lavezzi-Inseln liegt zwischen Korsika und Sardinien. Teils wirkt die Landschaft hier noch ganz unberührt.

Von Bonifacio aus sind die Îles des Lavezzi zu erreichen, die sowohl über Wasser ...

... als auch unter Wasser (oben) fantastische Naturerlebnisse bieten. Nördlich von Porto-Vecchio breitet sich an der Westküste der Strand Cala Rossa (rechts) aus – er ist einer der schönsten der Insel.

Cala Rossa: Türkisfarbenes Wasser, heller Sandstrand, im Hintergrund die Berge – wer wollte an den Stränden am Golfe de Porto-Vecchio nicht verweilen?

„Korsika ist eine der bezauberndsten Gegenden der Welt und trägt zu Recht den Namen ‚Insel der Schönheit'."

aus: Asterix auf Korsika

Das Beste kommt zum Schluss – das gilt zumindest für diejenigen, die mit der Fähre in Bastia ankommen und sich langsam in den Süden der Insel vorarbeiten. Für viele ist – das zeigen auch die Besucherzahlen – das südliche Dreieck zwischen Propriano, Bonifacio und Porto-Vecchio der schönste Teil Korsikas. Anders als die Ostküste mit ihrem rund 80 Kilometer langen Sandstrand ist die Küstenlinie im Süden viel stärker untergliedert. Die vielen kleinen Buchten werden immer wieder von vorspringenden, felsigen Landzungen unterbrochen. Jede dieser Buchten ist anders, hat ihren eigenen Charme. Doch die Zutaten ähneln sich: das Meer in allen Türkisschattierungen, ein Streifen feiner Sand, eingerahmt von roten oder grauen Felsen, und dahinter Dünen und Pinienwälder. Die Ferienanlagen verstecken sich dezent im Grün, kein Hotelturm verschandelt die Strände. Die Plage de Palombaggia südlich von Porto-Vecchio gilt als schönster, weil fotogenster Strand Korsikas. Oder verdient diesen Superlativ doch eher die muschelförmige Bucht von Rondinara – oder doch die Bucht von Pinarellu? Seinen ganz persönlichen Traumstrand muss jeder für sich auswählen.

Doch eine Frage stellt sich in Bezug auf alle Strände: Warum sind sie nur im Juli und August so stark besucht? Ab

Das Zentrum der Stadt Porto-Vecchio bildet die Place de la République mit der Kirche Saint-Jean-Baptiste. Ein solcher Platz ist natürlich Anziehungs- und Treffpunkt. Beispielsweise, um an einem Tag pro Woche zu Salsa-Rhythmen der „joie de vivre" Raum zu geben. Wer da nicht mitmacht, ist selbst schuld ....

Ab Juni zieht wieder Leben
in die schöne Kulisse ein,
die Restaurants öffnen ...

Die Rue Cardinal Zigliara in der Oberstadt von Bonifacio führt zur Kirche Sainte-Marie-Majeure.

Gehört einfach zum Bild der Hafenstadt: ein Angler im Hafen von Bonifacio.

Von der Meerseite aus bietet sich ein wunderbarer Blick auf Bonifacios Oberstadt, die hoch auf dem Kalksteinplateau thront.

Spektakulär ist der Fernblick von der Bastion de l'Etendard, einem Teil der Befestigungsanlage von Bonifacio, der über den Hafen hinausreicht.

Um einige Häuser von Bonifacio so dicht an der Kante kann einem angst und bange werden.

Mitte September wird es schon deutlich leerer, und ab Mitte Oktober ist man fast allein auf der Insel. Es hat sich noch nicht herumgesprochen, dass dann auf Korsika oft die Sonne scheint und das Wasser noch warm genug zum Baden ist.

Strategische Interessen

Glaubt man dem alten Homer, dann hatte sein Held Odysseus im Hafen von Bonifacio eine ziemlich hässliche Begegnung mit dem Riesenvolk der menschenfressenden Lästrygonen. Seine Schiffe wurden versenkt, seine Mannschaft ertrank und nur er selbst konnte sich mit knapper Not retten. Heute ist der Hafen mit den in Reih und Glied vertäuten Jachten und Segelbooten, mit den im Halbstundentakt auslaufenden Ausflugsbooten und der lückenlosen Reihe einladender Restaurants ein friedliches, sommerlich schönes Postkartenmotiv. Doch die Zitadelle mit den abweisenden Mauern und nur einem winzigen Eingang auf einem Hügel im Hintergrund lässt vermuten, dass es hier durchaus nicht immer so friedlich zuging. Die exponierte, strategisch ungemein wichtige Lage am Südzipfel Korsikas weckte über Jahrhunderte Begehrlichkeiten und machte Bonifacio immer wieder zum Zankapfel zwischen Pisa, Genua und Frankreich.

Die Schöne auf dem Felsen

Die Zitadelle bietet vom Hafen aus zwar einen schönen Anblick, doch einmalig wird die Lage Bonifacios erst aus der Ferne vom südlich gelegenen Leuchtturm am Cap Pertusato. Immer hart am Abgrund führt von hier die Promenade des Falaises bis in die Stadt. Im warmen Abendlicht wechselt die von Wind und Wellen zerfressene Kreideküste ständig die Farbe, von strahlendem Weiß bis hin zu immer dunkler werdenden Rottönen. Um einige Häuser von Bonifacio dicht an der Kante kann einem aus dieser Perspektive angst und bange werden. Nicht nur senkrecht wie anfangs auf dem Weg vom Leuchtturm, sondern sogar überhängend sind die Felsen unter Bonifacio, und niemand weiß, wann Risse im weichen Kalkstein zum Absturz führen. Bis dahin geht das Leben seinen gewohnten Gang – die Katastrophe lässt sich eh nicht voraussagen.

Im Winter sind die engen Gassen menschenleer und Bonifacio wird fast zu einer Geisterstadt. Ab Juni zieht dann wieder Leben in die schöne Kulisse ein, die Restaurants und Läden öffnen und bald füllen sich die Straßen wieder mit Touristen. Bonifacio, die schönste Stadt Korsikas, lebt einen kurzen Sommer lang nur von den Touristen und für die Touristen – es ist das Venedig Korsikas.

Die Chapelle Saint-Roch wurde in Bonifacio errichtet, nachdem die Pest im 16. Jahrhundert ihr letztes Opfer gefordert hatte.

Die Basilika Sainte-Marie-Majeure in Bonifacio hat sich ihre romanischen Formen bewahrt.

Diagonal sind die Escaliers du Roi Aragon bei Bonifacio in den Kalkstein gehauen.

Ehemals strategische Bollwerke, sind die Genuesentürme heute Anlaufpunkte für herrliche Ausblicke wie hier in Campomoro in Korsikas Süden.

Die Zitadelle von Bonifacio lässt vermuten, dass die Zeiten nicht immer so friedlich waren.

Eine Stadt im Wandel?

Für Prosper Merimée war Sartène „die korsischste aller korsischen Städte". Er hatte wohl in erster Linie die Vendetta, die damals häufig praktizierte Blutrache, im Sinn. Das war Mitte des 19. Jahrhunderts. Die Zeiten der Blutrache sind vorbei, aber friedlich geht es in Sartène trotzdem nicht immer zu. Am 4. September 2010 ereignete sich mitten auf der zentralen Place Porta ein Schusswechsel mit einem Toten und zwei Verletzten. Das Motiv dürfte, wie bei mehreren anderen ähnlichen Verbrechen in der Gegend von Sartène, eher in der organisierten Kriminalität denn in der Blutrache liegen. Vielleicht hätten sich die für die Tourismusförderung Verantwortlichen doch einen anderen Slogan als den von der „korsischsten Stadt" einfallen lassen sollen.

Für den Schriftsteller war in Sartène die Zeit stehen geblieben, zumindest das stimmt heute nicht mehr ganz. Man hat sich Mühe gegeben, moderner zu werden. Auf der Place Porta gibt es viele nette Cafés, einige Fassaden der mehrstöckigen Granithäuser wurden saniert, und in den engen, dunklen Gassen der Altstadt haben Souvenirläden und Restaurants eröffnet. Doch wenn sich die Dunkelheit über den Ort senkt und die Tagestouristen wieder am Strand sind, dann scheint die Zeit tatsächlich irgendwie stehen geblieben zu sein.

Sainte-Lucie-de-Tallano in der Alta Rocca gewinnt seinen Charme aus den Gassen, in denen sich Läden und Cafés aneinanderreihen. Turmhohe, unverputzte Häuser erinnern an vergangene Zeiten.

Ein großes Dorf ist Levie, das sich mitten in der Alta Rocca befindet. Charakteristisch sind die unverputzten Häuser aus Stein.

Boule – Zeitvertreib auch in den Dörfern der Alta Rocca

Special

Vendetta

Die Rache der Colomba

Eine tief in die korsische Vendetta verstrickte Frau, Colomba Bartoli, inspirierte den Schriftsteller Prosper Mérimée (1803–1870) zu einer Novelle. Darin nahm er politische und gesellschaftliche Aspekte seiner Zeit auf.

Zwei Jahre nach der Ermordung seines Vaters kehrt der korsische Leutnant Orso in die Heimat zurück, „arm an Hoffnung, arm an Geld". Bei der Überfahrt von Marseille lernt er Oberst Sir Thomas Nevil und dessen Tochter Lydia kennen. Ihr verspricht er, den Tod seines Vaters nicht zu rächen, obwohl damals (1815) Blutrache auf Korsika üblich ist. Doch Orsos Schwester Colomba glaubt, dass nicht der gefasste Täter, sondern der Bürgermeister und seine Söhne ihren Vater getötet haben. Sie ist wild entschlossen, Blutrache zu nehmen, und will ihren Bruder davon überzeugen.

So beginnt der 2004 gedrehte französische Film „Colomba" (Die Rache der Colomba), der auf der Novelle gleichen Titels von Prosper Mérimée beruht. Der französische Dichter hat sich die Geschichte nicht ausgedacht, sondern mit seiner Heldin, jener Colomba Bartoli, ausführlich gesprochen. Da war sie schon fast 60 Jahre alt und sehr verbittert. Sie hatte ihren Sohn durch die Vendetta verloren und lebte im Dorf Olmeto nördlich von Propriano. Was mag sie ihm erzählt haben? War es die Wahrheit? Legenden um ihre Person gab es viele, so sollen einige Morde um Sartène, Fozzano und Campomoro auf ihr Konto gegangen sein. Selbst beim Stillen ihrer Kinder soll sie mit dem Gewehr Feinde durch das Fenster erschossen haben. Zur Rechenschaft gezogen oder selbst Opfer der Blutrache wurde sie nicht, sie starb mit 96 Jahren in Olmeto – eines natürlichen Todes.

Das Drehbuch zur Verfilmung „Colomba" verfasste Olivier Gorce, die rachelustige Colomba stellte Olivia Bonamy dar.

U Catenacciu

Das ganze Jahr über hängen das große, eisenbeschlagene Kreuz und die rostige Kette an der Wand im Innern der Kirche Sainte-Marie in Sartène. Aber an einem Tag im Jahr spielen sie eine bedeutende Rolle: Sie sind nämlich die wichtigsten Requisiten der alljährlichen Karfreitagsprozession. Keine der Prozessionen an diesem Tag in Korsika ist so gespenstisch wie die in Sartène. Catenacciu, der große Büßer, ist in ein rotes Gewand gehüllt, das Gesicht verdeckt eine Maske, niemand außer dem Priester weiß, wer sich hinter den Augenschlitzen verbirgt. Mit dem gut 30 Kilogramm schweren Kreuz auf der Schulter und der 14 Kilogramm schweren Kette am Fuß tritt die Gestalt aus der Kirche in die Dunkelheit. Auf ihrem Weg durch die Stadt fällt sie zu düsterem Klagegesang wie Jesus auf dem Kreuzweg dreimal. Bei der schweren Last hilft der kleine Büßer, ebenfalls ganz in Weiß gehüllt; er stellt den Simon von Cyrene dar. Hinter ihnen gehen schwarz gekleidete Büßer, die eine Christusstatue tragen, dann folgen die Priester und schließlich die Prozessionsteilnehmer. Trotz der mittlerweile zahlreichen Touristen wirkt das Ritual noch immer authentisch und hat mit Sartène auch die perfekte Kulisse.

MEGALITHKULTUR

Menhire, Dolmen und Castelli

Der Süden Korsikas ist voller prähistorischer Funde. Filitosa in den Hügeln des unteren Taravo ist wegen der gut erhaltenen anthropomorphen Menhire Korsikas bedeutendste Fundstätte, doch auch der Komplex der Megalithdenkmale von Cauria beeindruckt.

Im Jahr 1946 machte Charles-Antoine Cesari eine Entdeckung, die ihn zeitlebens nicht mehr loslassen sollte. Auf seinem Land fand er Menhire, in die Köpfe, Augen, Nasen und Schwerter gemeißelt waren. Doch erst 1954 erkannte der Archäologe Roger Grosjean die Bedeutung des Fundes. Er begann mit Ausgrabungen und widmete sich bis zu seinem Tod den Megalithkulturen. Sie belegen, dass die Gegend schon seit rund 8000 Jahren besiedelt ist. Der Archäologe legte auch den Komplex von Cauria frei, der aus Alignements (Reihen von Megalithen) und Dolmen (Grabkammern) besteht.

Die meisten Ruinen von Filitosa lassen sich auf die Zeit zwischen dem späten 2. Jahrtausend v. Chr. und 700 v. Chr. datieren, einige sind älter. Den späteren Christen galten die Menhire als heidnisch, so wurden sie zerstört oder als Feldsteine genutzt.

Jahrtausende sind seit der Bronzezeit schon über das Megalithgrab bei Cauria hinweg gestrichen.

Meisterwerke frühester Zeit

Gleich am Beginn des Rundgangs empfängt die Besucher Filitosa V, die fünfte hier gefundene Menhirstatue. Mit zweieinhalb Metern Höhe zählt sie zu den größten von ihnen, auch ohne den verloren gegangenen oberen Teil des Kopfes. Besonders gut zu erkennen sind die klaren Umrisse des Gesichts, das lange Schwert und der Dolch. Aus welchem Grund hat der Künstler den Stein wohl vor 3000 oder 4000 Jahren auf diese Weise behauen? Nach einem kurzen Spaziergang durch einen uralten Olivenhain steht man dann am Zentralmonument von Filitosa. Zwischen den Olivenbäumen und Tafoni-Felsen türmen sich Mauerreste, öffnen sich Gänge und Kammern. Viel haben die Archäologen nicht über dieses Bauwerk herausgefunden, nur dass Torreaner es errichtet haben, die nach den Megalithikern hierherkamen. Zu mehr als der vagen Vermutung, dass es sich um ein Kultmonument gehandelt hat, reichen die Hinweise nicht. Grosjean benannte die Bauherren „Torreaner" – nach ihren turmartigen Befestigungen. Die eigentlichen Stars von Filitosa sind aber die sechs Menhirfragmente, die heute auf den Mauern des Zentralmonuments stehen. Die Torreaner hatten die Statuen als Baumaterial für ihre Kultstätte genutzt. Einige der Reste zeigen die künstlerische Meisterschaft in der Ausarbeitung der Gesichtszüge.

Etwas weiter gelangt man zu Megalithen, die sich um einen großen Olivenbaum scharen – er bietet eine gute Gelegenheit, sich in seinem Schatten dem geheimnisvollen Zauber dieses Ortes hinzugeben.

Fakten & Informationen

Filitosa liegt nördlich von Propriano an der D 57. Beim Ausgrabungsgelände gibt es ein kleines Museum (Ostern–Oktober tgl. 8.00 Uhr bis Sonnenuntergang, www.filitosa.fr).

Eine weitere wichtige Stätte ist die **Site Archéologique de Cauria** (Abb. S. 108 u. oben) südlich von Sartène, zu erreichen über die D 48a. Sie besteht aus drei Monumenten, den Alignements de Renaju und de Stantari sowie den Dolmen von Fontanaccia. Die Anlage ist frei zugänglich. Nicht weit davon entfernt (westl.) wurde das **Alignement de Palaggiu**, eine Ansammlung von 258 Menhiren, freigelegt.

Weiter nördlich in der Alta Rocca, in der Nähe des Dorfes Levie, befinden sich die ehemaligen Torreanersiedlungen **Castello de Cucuruzzu** und **Capula** (Juli und August tgl. 9.30–20.00, sonst 9.30–18.00 Uhr).

Maßstab 1:325.000
0
3
6km
AJACCIO
(AJACCIU)
Golfe d'Ajaccio
Parc Naturel Régional de Corse
Forêt de Tova
M. Incudine
Aiguilles de Bavella
Col de Bavella
Propriano
(Pruprià)
Golfe de Valinco
Sartène
(Sartè)
Montagne de Cagna
Porto-Vecchio
Golfe de Porto-Vecchio
Forêt de Barocaggio-Marghese
Bonifacio
(Bonifaziu)
Capo Pertusato
Îles Lavezzi
Île Cavallo
Îles Cerbicale
Golfe de Ventilegne
Golfe de Roccapina
Capu di Senetosa
Punta di Campomoro
Golfe de Tizzano
Île des Moines
MITTELMEER
Bocche di Bonifacio
SARDEGNA (Italia)
Santa Teresa Gallura
Isola Razzoli
Isola Budelli
Isola Spargi
La Maddalena
Marseille, Nice, Toulon
Toulon, Marseille
Porto Torres
Marseille, Toulon
1
2
3
4
5

Traumstrände und Kalksteinklippen

Die drei Hafenstädte Propriano, Bonifacio und Porto-Vecchio markieren das südliche Dreieck Korsikas. Zwischen diesen Städten reihen sich unzählige Buchten aneinander, viele mit feinem Sandstrand, türkisfarbenem Wasser und Pinien im Hintergrund. Im Inselinneren laden zahlreiche prähistorische Fundstätten zu Erkundungen ein.

1 Propriano

Der Golf von Valinco war wahrscheinlich schon während der Römerzeit besiedelt, das heutige Propriano (3600 Einw.) geht auf eine Gründung der Genuesen zurück. Historisch relevant ist das Jahr 1564, als Sampiero Corso mit seinen Gefolgsleuten hier landete, um Korsika von Genua zurückzuerobern. Mit dem Tourismus wuchs auch Propriano, der guten Fährverbindungen und des Jachthafens wegen sind hier vor allem Festlandfranzosen anzutreffen.

STRÄNDE

Die einzigen Sehenswürdigkeiten von Propriano sind die Strände in der Umgebung. Die **Plage du Lido** befindet sich hinter dem Leuchtturm, einige Kilometer südlich liegt die **Plage de Capu Laurosu,** selten voll wird es an der 3 km langen **Plage de Portigliolo** südlich der Rizzanese-Mündung. Auch in **Campomoro,** einem kleinen Fischerdorf mit Genuesenturm und Tauchstation, lässt es sich gut baden. Nordwestlich besitzt auch Porto Pollo mit der **Plage du Taravo** einen schönen Sandstrand.

Tipp

Wein, Käse & Charcuterie

Seit 1920 gibt es die winzige Weinstube A Cantinetta in Sartène. Sie ist der richtige Ort für ein Glas Hauswein vom Fass oder einen Muscat, dazu gibt es eine kleine Auswahl an Charcuterie oder Kostproben korsischen Käses. Wenn es draußen dann langsam dunkel wird, nimmt man auch noch gerne einen Liqueur Myrte oder Limoncellu und kommt dabei vielleicht ins Gespräch mit Madame Bartoli, die noch einige weitere Spezialitäten im Regal hat.

INFORMATION
29, Rue Borgo, Tel. 04 95 77 08 75

Die Altstadt von Sartène inmitten der Hügellandschaft vermittelt einen hermetischen Eindruck (oben links). Immer am Kalkstein entlang (oben rechts)

HOTEL

Das kleine Hotel **€ € / €€ € Le Lido** (42, Avenue Napoléon III., Tel. 04 95 76 06 37, www.le-lido.com) liegt auf einem Felsen etwas außerhalb des Ortes. Sieben der modernen Zimmer haben direkten Zugang zum Strand.

RESTAURANT

Für große Portionen und einfache, gute Fischmenüs, freundlichen Service, den Meerblick und das hervorragende Preis-Leistungs-Verhältnis ist das **€ € Le Cabanon** (26, Avenue Napoléon III., Tel. 04 95 76 07 76) bekannt.

UMGEBUNG

Seiner luftigen Lage und der fantastischen Aussicht fast 900 m über dem Golf wegen lohnt das terrassenförmig angelegte, mittelalterliche Bergdorf **Olmeto** (9 km nördl.) im Sommer immer einen Besuch. Oberhalb liegen die Ruinen des **Castello della Rocca,** von wo aus im 14. Jh. gegen Genua gekämpft wurde.

INFORMATION

Office de Tourisme de Propriano, Port de Plaisance (im Jachthafen), Propriano, Tel. 04 95 76 01 49, www.lacorsedesorigines.com

2 Sartène

Der Ort (3500 Einw.) entwickelte sich Anfang des 16. Jhs. um einen mittelalterlichen Stadtkern auf dem Felsvorsprung Pitraghiu, auf dem noch Teile der alten Befestigungsmauer erhalten sind. Die Altstadt scheint kaum einen Sonnenstrahl in ihre engen Gassen eindringen zu lassen. Etwas heller wirkt das Borgo-Viertel, das nur wenig jünger als die Altstadt ist.

SEHENSWERT

An der zentralen **Place de la Libération (Place Porta)** stehen das **Rathaus,** früher Sitz der genuesischen Gouverneure, und die **Église Sainte-Marie** aus dem 18. Jh. Die Bars um den Platz laden zu einem Kaffee ein.

UNTERKUNFT

Von Sartène 15 km in Richtung Bonifacio auf der N 196, vor der Brücke über den Ortolo links abbiegen – so erreicht man den **€ Camping U Cavaddu Senza Nome** (Tel. 04 95 77 18 47).

Im Tal bewirtschaften Heidi und Hartmut eine Farm und den Naturcampingplatz mit einfachen Sanitäranlagen und Stellplätzen zwischen Bäumen. Der Platz hat viele Liebhaber.

RESTAURANT
€ € Le Jardin de l'Echauguette (Place de la Vardiola, Tel. 04 95 77 12 86) serviert auf einer schattigen Terrasse mit Meerblick tolle korsische Speisen. In dem alten Gemäuer fühlt man sich als Teil der Geschichte Sartènes.

INFORMATION
Syndicat d'Initiative de Sartène, Cours Sœur-Amélie, Sartène,
Tel. 04 95 77 15 40, www.lacorsedesorigines.com

3 Bonifacio

Die Hafenstadt **Bonifacio** **TOPZIEL** (3000 Einw.) liegt an der Südspitze Korsikas und ist nur durch die rund 12 km breite Seestraße von Sardinien getrennt. Dank ihrer spektakulären Lage auf einem Kalksteinplateau ist sie eine der wichtigsten Attraktionen Korsikas. Die Stadt teilt sich in einen lang gestreckten natürlichen Hafen mit Marina und die Oberstadt, die Ville Haute, auf einem rund 60 m hohen Felsen. Bonifacio wurde 828 vom toskanischen Grafen Bonifacio gegründet, der die Zitadelle bauen ließ, später von Pisa regiert, von den Genuesen zerstört, neu gegründet und mehrfach belagert.

> **Tipp**
>
> ### Traumstrand Pinarellu
>
> Die rund 20 km nördlich von Porto-Vecchio gelegene Bucht von Pinarellu ist fast genauso schön wie der Strand von Palombaggia, nur geht es hier etwas ruhiger zu. Zwei Campingplätze gibt es, den California direkt am Strand und den Pinarellu nur einen kurzen Fußweg vom Meer entfernt. Ein kleiner Fischerhafen sowie einige Hotels und Restaurants sorgen für eine angenehme Infrastruktur.
>
> **INFORMATION**
> California: Tel. 04 95 71 49 24, www.camping-california.net;
> Pinarellu: Tel. 04 95 71 43 98, www.campingupinarellu.com

SEHENSWERT
Von der Unterstadt hat man einen schönen Blick auf die **Zitadelle**. An der Treppe zur Oberstadt steht die kleine Kirche **Saint-Erasme,** die dem Schutzpatron der Fischer geweiht ist. Über die breiten Stufen der **Montée de Rastello** gelangt man hinauf, unterwegs sind die Kapelle **Saint-Roch** und ein Aussichtspunkt auf die Steilküste von Interesse. Durch die **Porte de Gênes,** früher der einzige Zugang, betritt man die Oberstadt. Wenige Schritte weiter befinden sich die **Place d'Armes** und die **Bastion de l'Etendard.** Inmitten der engen Altstadtgassen erhebt sich die Kirche **Sainte-Marie-Majeure** aus dem 12. Jh. (mehrfach umgebaut), gegenüber dem **Palazzo Publico** (Rathaus, heute Stadtmuseum). Wer auf der Meerseite bis zum Ende der Altstadt geht, kommt zu den **Escaliers du Roi d'Aragon,** einer in Kalkstein gehauenen Treppe, die zum Meer führt (Mai–Mitte Sept. 9.00–20.00 Uhr, sonst und an den Wochenenden kürzer). Hinter dem Abstieg beginnt das **Plateau Le Bosco** mit Resten von Windmühlen.

Farbenspiel über der Alta Rocca (oben); Andachtsort Ermitage Trinite (oben rechts); steil bergauf zum Col Saint-Roch in Bonifacio (rechts unten).

HOTEL
Das kleine **€ €/€ € € Hotel Colomba** (6, Rue Simon Varsi, Tel. 04 95 73 73 44, www.hotel-bonifacio.fr) liegt in der Altstadt, die Zimmer sind im modernen Landhausstil eingerichtet.

UMGEBUNG
Der Archipel der Îles Lavezzi besteht aus mehr als 100 Inselchen und Riffs. Nur die **Cavallo-Insel** ist bewohnt. Vom Hafen von Bonifacio starten in der Saison mehrmals täglich Ausflugsboote zu den Inseln (mit Badestopp).

INFORMATION
Office de Tourisme de Bonifacio, 2, Rue Fred Scamaroni (an der Festungsmauer in der Oberstadt), Bonifacio,
Tel. 04 95 73 11 88, www.bonifacio.fr

4 Porto-Vecchio

Die Befestigungsanlagen der drittgrößten Stadt Korsikas (11 000 Einw.) stammen aus genuesischer Zeit, die Oberstadt, hoch über dem Golfe de Porto-Vecchio, war mit Bastionen befestigt. Teile der Stadtmauer sind bis heute erhalten. Durch den Hafen und die Fährverbindungen zum französischen Festland ist Porto-Vecchio ein bedeutendes wirtschaftliches Zentrum im Süden Korsikas. Es ist auch als Cité du Sel – Stadt des Salzes – bekannt, denn einst waren die Salinen eine wichtige Einnahmequelle.

SEHENSWERT
In der Oberstadt liegt zentral die **Place de la République.** Durch die **Porte Génoise**, Teil der Befestigung im Südosten, kann man auf die Salinen blicken.

AKTIVITÄTEN
Eine **Freiluftdiskothek** der Superlative ist das **Via Notte** (Route de Porra, Arataggiu, Tel. 04 95 72 02 12, www.via-notte.com). Von Juni bis Mitte September tanzen Tausende Besucher zu heißen Rhythmen (20.30–6.00 Uhr).

HOTEL
Das kleine Luxushotel **€ € € Le Belvédère** (Route de Palombaggia, Tel. 04 95 70 54 13, www.hbcorsica.com) liegt an der Straße zum Strand von Palombaggia direkt am Meer.

RESTAURANT
Besonders schön ist der Blick auf die Salinen vom terrassenförmig angelegten Restaurant **€ € Les Jardins de la Paresse** (Tel. 04 95 24 21 57, www.jardinsdelaparesse.com) bei der Port Génoise. Die Pizza ist gut, die Preise sind wie in der ganzen Altstadt recht hoch.

Dann schippert der Kapitän weiter an der Smaragdküste entlang und fährt bis zur geheimnisvollen Schmugglerbucht Fazio.

UMGEBUNG/STRÄNDE
In der Umgebung von Porto-Vecchio gibt es die schönsten Strände der Westküste, vielleicht sogar der ganzen Insel. Als Traumstrand gilt der **Strand von Palombaggia** TOPZIEL (9 km südlich), einen Ausflug lohnen auch der **Golfe de Santa-Giulia** (6 km südl.), die **Plage de Cala Rossa** (10 km nördl.) und die Bucht von **San Ciprianu** (12 km nördl.).

INFORMATION
Office de Tourisme de Porto-Vecchio, Rue Général Leclerc, Porto-Vecchio, Tel. 04 95 70 09 58, www.ot-portovecchio.com

5 Alta Rocca

Die Mittelgebirgsregion Alta Rocca wird vom Coscione-Plateau, dem mächtigen Bavella-Massiv und den l'Ospedale-Bergen begrenzt. Zum Meer hin öffnet sich die Landschaft durch das Rizzanese- und Fiumicicoli-Tal. Früher lebten hier die Adligen della Rocca, die dem Gebiet auch den Namen gaben. In der dünn besiedelten Bergregion liegen malerische Dörfer verstreut, dazwischen Kastanien- und Eichenwälder. Sehenswert sind die prähistorischen Stätten mit Menhiren, Dolmen und Steingräbern.

SEHENSWERT
Mit 700 Einwohnern ist **Levie** der Hauptort der Alta Rocca. **Zonza**, nördlich davon, ist Verkehrsknotenpunkt, aber trotzdem noch immer ein ruhiges Bergdorf mit guter touristischer Infrastruktur. Die mehrstöckigen Häuser von **Sainte-Lucie-de Tallano** (westl.) liegen dicht gedrängt hoch über dem Rizzanese-Tal.

MUSEUM
Das **Musée de l'Alta Rocca** (Tel. 04 78 00 78, Juni–Sept. tgl. 10.00–18.00, sonst Di.–Sa. 10.00–17.00 Uhr) erzählt die Geschichte der 10 000-jährigen Besiedlung Korsikas.

AKTIVITÄTEN
Der Fernwanderweg **Mare a Mare Sud** TOPZIEL verläuft in mehreren Etappen durch die schönsten Dörfer der Alta Rocca. Eine vierstündige Wanderung auf markierten Wegen führt von Zonza über Quenza und zurück. **Corsica Madness** (Tel. 04 95 78 61 76, www.corsicamadness.com) hat neben der Touristeninformation von Zonza ein Büro; hier kann man diverse Aktivitäten wie Canyoning oder Klettertouren auf der Via Ferrata buchen.

RESTAURANT
Vom **€ € La Terrasse** (Tel. 04 95 78 67 69, www.hotel-delaterrasse-zonza.com) aus schweift der Blick über Zonza und die Berge der Umgebung. Von der hausgemachten Charcuterie bis zum Flan aus Kastanienmehl ist das Essen authentisch und gut.

INFORMATION
Point Info Tourisme de Zonza (in der Ortsmitte), Tel. 04 95 78 80 13, www.alta-rocca.com

Genießen Erleben Erfahren

DuMont Aktiv

Kalkstein, Grotten und eine Festung

Der Kapitän startet den Motor, sobald sich auf dem Ausflugsboot genügend Fahrgäste eingefunden haben. Und schon tuckert man durch die enge, mehr als einen Kilometer lange Hafeneinfahrt von Bonifacio hinaus aufs Meer. Nach dem Leuchtturm A Madonetta, der die Einfahrt zum Hafen markiert, geht es ein Stück die Küste in nördlicher Richtung entlang, bevor das Boot in die Grotte du Sdragonato, die Drachenhöhle, hineinfährt. Sie besitzt eine natürliche Deckenöffnung, die mit etwas gutem Willen als Umrissform der Insel Korsika zu erkennen ist. Dann schippert der Kapitän weiter an der Smaragdküste entlang und fährt bis zur geheimnisvollen Schmugglerbucht Fazio. Der Kalkstein von Bonifacio geht hier über zum auf der Insel vorherrschenden Granit.

Hier wendet das Schiff und fährt am Leuchtturm vorbei geradewegs zur Barthelmy-Höhle, die einen eigenen Süßwasserbrunnen besitzt und bei Belagerungen für die Stadt auch deshalb überlebenswichtig war. Die Escaliers du Roi Aragon, die man vom Boot aus sehen kann, bestehen aus exakt 187 Stufen und wirken von Ferne wie eine Art Vertiefung in der Steilküste. Schließlich rückt ein großer, losgelöster Felsen ins Blickfeld. „Sandkorn" (Grain de sable) nennen ihn die Franzosen, für die Einheimischen ist es einfach der U Diu Grossu. Der Fels ist eines der beeindruckendsten Fotomotive dieser schönen Fahrt.

Weitere Informationen

Buchung: In der Hauptsaison bieten mehrere Unternehmen die beschriebene einstündige Grottentour ab dem Hafen von Bonifacio an. Tickets bekommt man am Kiosk oder auf dem Schiff. Abfahrten in der Regel halbstündlich von 9.00 bis 18.00 Uhr.

Tipp: Nach der Bootstour kann man in eineinhalb Stunden von der Chapelle Saint-Roch bis zum Leuchtturm von Pertusato laufen. Der Pfad führt an der Abbruchkante entlang und bietet – besonders bei Sonnenuntergang – fantastische Blicke auf Bonifacio.

Auch vom Wasser aus bieten sich traumhafte Ausblicke und wundervolle Fotomotive.

Die unwiderstehlichsten Produkte

In Düften und Genüssen schwelgen

Die stolzen Korsen haben sich viele Eigenheiten bewahrt. Kein Wunder also, dass man bei einem Streifzug über die Insel immer wieder Typisches entdeckt. Vom bittersüßen Aperitif über würzigen Käse und Charcuterie bis hin zu Parfüm und Whisky reichen die Verlockungen.

1

4

1 Markthalle in L'Île-Rousse

Die historische Markthalle von L'Île-Rousse wirkt mit ihren 21 Säulen wie ein griechischer Tempel. In der offenen Halle bieten vor allem lokale Händler ihre Produkte wie Obst, Gemüse, Käse oder Wurst an. Wer sich von der Qualität überzeugen möchte, bekommt bestimmt ein Stück vom luftgetrockneten Schinken oder einem Käselaib abgeschnitten.

L'Île-Rousse, Place Pascal Paoli, tgl. geöffnet

2 U Muntagnolu

Hier werden Nase und Augen gekitzelt – und sie entscheiden auch über den Einkauf. Es riecht einfach wunderbar nach Wurst, Schinken und Käse. In den Regalen stehen Honig, Olivenöl und Kastanienmarmelade. Bei dieser Auswahl an typisch korsischen Delikatessen wie Coppa, Lonzu oder Figatellu fällt die Entscheidung schwer.

U Muntagnolu, 15, Rue C. Campinchi, Bastia, Tel. 04 95 32 78 04, www.umuntagnolu.com

3 Musée du Parfum Cyrnarom

Guy Ceccini hat sein Handwerk in der Parfumstadt Grasse gelernt. Mittlerweile destilliert er die Knospen, Blüten und Blätter Korsikas und füllt sie in schöne Flakons. Mit dem Klassiker „Machjedu" gelingt es ihm meisterhaft, den typischen Duft der korsischen Macchia einzufangen. Im Sommer zeigt er Besuchern gerne sein Musée, das ein wenig an den Film „Das Parfum" erinnert.

Musée du Parfum Cyrnarom, 29, Av. Emile Sari, Bastia, Tel. 04 95 31 39 30

4 Aperitif Cap Corse

Vor über 100 Jahren hat Louis Napoleon Mattei diesen süß-herben Aperitif aus Muskatwein, Chinarinde und einigen anderen Zutaten kreiert. Noch heute gehört diese Leckerei untrennbar zu jedem korsischen Menü. Seit 1900 wird der Aperitif in der wundervoll nostalgischen Boutique Mattei verkauft.

Boutique Mattei, Place Saint-Nicholas, Bastia, www.capcorsemattei.com

5 Traiteur Chez Annie

Hier gibt es alles für einen echt korsischen Picknickkorb: Quiches und andere Gemüsekuchen, Brocciu-Beignets, eingelegte Oliven, Schinken, Käse, getrocknete Tomaten, Anchovis, dazu ein Pietra-Bier oder einen korsischen Wein und zum Nachtisch Gebäck. Für zu Hause kann man sich dann noch eine Wildschweinsalami und ein Glas Kastanienmarmelade einpacken.

Traiteur Chez Annie, 5, Rue Clemenceau, Calvi, Tel. 04 95 65 49 67, www.annietraiteur.com

6 Markt in Ajaccio

Der schönste und wohl auch größte Markt Korsikas breitet sich auf dem Platz gegenüber dem Hafen aus. Lokale Produkte direkt von den Erzeugern soweit das Auge reicht: Obst, Gemüse, Käse, Schinken, Wurst, alles im Überfluss. Es macht Spaß, einfach nur über den Markt zu schlendern und den Einheimischen beim Einkauf zuzuschauen, hier ein Schwätzchen unter Freunden, dort eine kleine Kostprobe – man nimmt sich Zeit, denn gutes Essen verträgt keine Eile. Zur Fischhalle sind es auch nur wenige Schritte.

Place du Marché, Boulevard du Roi Jérome, Ajaccio, Di.–So. vorm.

7 Essences Naturelles Corses

Im Hofgarten der Familie Keyserlingk blüht und duftet es fast das ganze Jahr über. Aus diesen Heil- und Aromapflanzen stellen sie in ihrer Destillerie Bordeo Düfte und ätherische Öle her, die die Basis für viele kosmetische Produkten bilden. Ob Rosenwasser, Eukalyptusöl oder ein Fläschchen mit dem klangvollen Namen „Songe d'une nuit d'été" – hier ist alles bio.

Lieu dit Bordeo, San Nicolao, Tel. 04 95 38 46 04, www.essences-naturelles-corses.fr, Juni–Sept. 10–12.30 und 15–19 Uhr, sonst kürzer, Führungen auf Deutsch Mo., Mi., Fr. 10.30 Uhr

8 Domaine Mavela

Ob korsischer Whisky mit schottischem mithalten kann, ist Geschmackssache. Einen Versuch ist er jedenfalls wert, denn es gibt sogar einen Pure Malt. Typisch korsische Spezialitäten, die sich nicht auf Hochprozentiges beschränken, gibt es hier auch.

Domaine Mavela, U Licettu, Aléria, Tel. 04 95 56 60 30, www.domaine-mavela.com, Juni–Sept. tgl. 9–20 Uhr

9 U Fragnu

Hier werden kalt gepresste Olivenöle bester Qualität hergestellt. Ganz traditionell treibt ein Esel die Mühle an. Eine Versuchung sind auch die Marmeladen aus Feigen, Erdbeeren und Orangen. Experimentierfreudige probieren die Marmelade mit Rosenblättern.

Lunghignano, Calinzana, Tel. 04 95 62 75 51, www.ufragnu.fr, April–Okt. tgl. geöffnet

Blick auf den Mt. Cinto (oben); Oratoire Sainte-Croix in Bastia (rechts oben); Austern ganz frisch aus der Lagune: Ètang de Diane (rechts unten).

Service

Keine Reise ohne Planung. Auf den folgenden Seiten haben wir für Sie Wissenswertes und wichtige Informationen für Ihren Korsika-Urlaub zusammengefasst.

Anreise

Mit dem Flugzeug: Korsika verfügt über vier Flughäfen: Aéroport de Campo dell'Oro (12 km von Ajaccio entfernt, Tel. 04 95 23 56 56, www.2a.cci.fr/Aeroport_Napoleon_Bonaparte_Ajaccio. html), Aéroport de Bastia-Poretta (20 km von Bastia entfernt, www.bastia.aeroport.fr), Aéroport de Figari (24 km von Porto-Vecchio entfernt, www.2a.cci.fr/aeroports.html) und Aéroport de Sainte-Catherine (7 km von Calvi entfernt, www.calvi.aeroport.fr/AeroportCal/accueilAeroCal.php). Von Deutschland aus fliegen TuiFly (www.tuifly.com), Germanwings (www.germanwings. com), Lufthansa (www.lufthansa.de) und Air Berlin (www.airberlin.com) Korsika an. Mit Air France (www.airfrance.de) kann man von mehreren französischen Flughäfen nach Korsika fliegen. Die Flugzeit ab Deutschland beträgt ca. zwei Stunden. Vor allem die Billigflieger ändern ihre Routen und Preise ständig, deshalb sollte man rechtzeitig nach einem Flug suchen und mehrere Anbieter abfragen. Alternativ kann man auch mit Easyjet nach Pisa oder Olbia fliegen und dann mit Zug oder Bus zur Fähre fahren.
Mit dem Schiff: Fährhäfen auf Korsika sind Ajaccio, Bastia, Bonifacio, Calvi, L'Île-Rousse und Porto-Vecchio. Ab Frankreich starten die Schiffe in Marseille, Nizza und Toulon, von Italien in Genua, Livorno, Piombino und Savona. Die meisten Fahrzeiten liegen zwischen zwei und sechs Stunden, bequem sind die Nachtfähren, die zwischen 6.00 und 8.00 Uhr am Morgen in den korsischen Häfen anlegen. Fährverbindungen bestehen auch zwischen Sardinien und Korsika. Drei Schifffahrtsgesellschaften teilen sich den Fährverkehr: Corsica Ferries (www.corsica-ferries.fr), Moby Lines (www.mobylines.fr) und SNCM (www.sncm.fr). Die Preise sind wie die Flugpreise variabel, wer flexibel ist, findet im Internet oft günstige Angebote.

Auskunft

Deutschland:
Atout France –
Französische Zentrale für Tourismus
Postfach 10 01 28, 60001 Frankfurt/Main
info.de@rendezvousenfrance.com
de.rendezvousenfrance.com/de
Österreich:
Atout France –
Französische Zentrale für Torismus
info.at@rendezvousenfrance.com
at.rendezvousenfrance.com/de
Schweiz:
Atout France –
Französische Zentrale für Tourismus
info.ch@atout-france.fr
ch.rendezvousenfrance.com/de
Auf Korsika: In fast jedem touristisch relevanten Ort gibt es ein Informationsbüro (Office de Tourisme oder Syndicat d'Initiative), über die Insel sind 32 Stück verteilt. Die Mitarbeiter dort sprechen nur vereinzelt Deutsch, auf Englisch klappt die Verständigung in der Regel ganz gut. Die Adressen der Touristenbüros befinden sich auf den Infoseiten des jeweiligen Kapitels.

Autofahren

Die **Nationalstraßen** (N) sind meist gut ausgebaut und erlauben ein relativ zügiges Vorwärtskommen. Ganz anders die **Departmentstraßen** (D), die fast alle eng, extrem kurvig und im Gebirge häufig ungesichert sind, was die Durchschnittsgeschwindigkeit auf 30 bis 40 km/h senkt. Auch wer mit einem normalen Pkw unterwegs ist, wird bei entgegenkommenden Fahrzeugen häufiger die nächste Parkbucht aufsuchen müssen. Für größere Wohnmobile und erst recht für Gespanne mit Wohnwagen sind manche Straßen nicht geeignet.
Regeln: In den Ortschaften gilt eine Höchstgeschwindigkeit von 50 km/h, auf Landstraßen von 90 km/h und auf Schnellstraßen von 110 km/h. Es besteht Anschnallpflicht, eine reflektierende Warnweste ist mitzuführen, die Promillegrenze liegt bei 0,5. An rot-gelb und rot-weiß markierten Randstreifen ist das Parken verboten. Im Inselinneren gibt es wenige Tankstellen, entlang der Küsten sind sie zahlreich. Den Abschleppdienst erreicht man über die Rufnummer der Polizei.

Bahn und Bus

Eisenbahn: Das korsische Eisenbahnnetz wird von den Chemins de Fer de la Corse bedient und umfasst nur zwei Linien mit einer Gesamtlänge von 232 km.
Eine eingleisige Schmalspurbahn führt von Bastia über Corte nach Ajaccio (Fahrzeit ca. 4 Std.), außerdem gibt es eine Verbindung von Ponte Leccia im Inselinneren nach Calvi (Fahrzeit ca. 1,5 Std.). Weitere Infos unter www.corsicabus.org/Train_Services/.

Vielerorts locken traumhafte Buchten

Bus: Überlandbusse auf den Strecken Ajaccio – Calvi, Ajaccio – Corte – Bastia sowie Bastia – Porto-Vecchio verkehren ein- bis zweimal täglich. Infos unter www. corsicabus.org.

Camping

Auf Korsika gibt es rund 190 Campingplätze, die meisten in der Nähe der Küste. Die Bandbreite reicht von kleinen, einfachen Plätzen (Aire Naturelle de Camping) bis hin zu riesigen Luxus-Plätzen. Auch Camping auf dem Bauernhof (Camping à la ferme) ist möglich. Camping ist relativ günstig, zwei Personen mit Auto und Zelt zahlen in der Hochsaison meist nur 20 bis 30 Euro. Viele Plätze öffnen zwischen Ostern und Pfingsten und schließen bis Ende Oktober. Oft gibt es auch wochenweise kleine Bungalows (Chalets) zu mieten. Hilfreich für aktuelle Informationen ist die Website www.camping corse.com. Bei Atout France ist ein aktuelles Camping-Verzeichnis erhältlich. Wild campen ist überall verboten, in der Hochsaison wird oft kontrolliert, Verstöße kosten saftige Bußgelder.

Feiertage und Feste

Feiertage: 1. Januar (Neujahr), Ostermontag, 1. Mai (Tag der Arbeit), 8. Mai (Tag der deutschen Kapitulation 1945), Christi Himmelfahrt, Pfingstmontag, 14. Juli (französischer Nationalfeiertag), 15. August (Mariä Himmelfahrt), 1. November (Allerheiligen), 11. November (Tag des Waffenstillstandes 1918), 25. Dezember (Weihnachten).
Festlichkeiten: Sehenswert sind besonders die Feierlichkeiten der **Karwoche.** Schon am Gründonnerstag beginnen die Korsen mit der Segnung des Mandelgebäcks Canistrelli. Karfreitag bildet den Höhepunkt mit Prozessionen, z. B. in Bonifacio, Calvi, Corte und Sartène. Am Ostermontag findet in Cargèse eine griechisch-orthodoxe Prozession statt. Die Jungfrau Maria ist Schutzpatronin der Insel, deshalb wird **Mariä Himmelfahrt** am 15. August überall gefeiert. In Ajaccio wird an diesem Tag auch der **Geburtstag Napoleons** mit einem rauschenden Fest begangen. Der Sommer ist auch die Zeit der **lokalen Feste,** bei denen die Musik eine große Rolle spielt.

Geld

Gängige Kreditkarten sind Visa und Mastercard. Banken gibt es in allen größeren Orten. Rund um die Uhr bekommt man an Geldautomaten mit der Maestro- oder Kreditkarte Geld. Bei Verlust der Karte kann man sie unter der Nummer 0049 69 116 116 sperren lassen.

Gesundheit

Die ärztliche Versorgung auf Korsika ist sehr gut. Apotheken (Pharmacies) sind zahlreich vorhanden und am grünen Kreuz zu erkennen. Mit der Europäischen Krankenversicherungskarte (EHIC) wird die Abrechnung von Krankenhauskosten und Arztrechnungen bei der Krankenkasse einfacher. In jedem Fall muss man die Behandlungskosten vor Ort begleichen und dann zu Hause bei seiner Krankenkasse einreichen. Für Risiken, die nicht von der Kasse gedeckt werden, empfiehlt sich der Abschluss einer zusätzlichen Reisekrankenversicherung. Krankenhäuser gibt es in Ajaccio, Bastia, Bonifacio, Corte und Sartène.

Hotels

Preiskategorien

€€€€	Doppelzimmer	über 200 €
€€€	Doppelzimmer	150 – 200 €
€€	Doppelzimmer	100 – 150 €
€	Doppelzimmer	50 – 100 €

Das Übernachtungsangebot auf Korsika ist vielfältig. Während der Hauptreisezeit ist allerdings eine rechtzeitige Reservierung dringend zu empfehlen, in den Wintermonaten sollte man sich erkundigen, welche Betriebe geöffnet sind. Relativ problemlos für Spontanreisende sind die Monate Mai, Juni, September und Oktober. Auf Korsika gibt es keine Hotelbunker, Bettenburgen oder Hochhäuser am Strand. Die Preise sind stark saisonabhängig. **Gîtes Ruraux** sind Ferienwohnungen oder -häuser abseits der Küsten auf dem Lande, oft mit Anschluss an einen Bauernhof. **Gîtes d'Etape** sind in der Regel recht einfache Unterkünfte mit Mehrbettzimmern an den Wan-

Info

Daten & Fakten

Name: Der Name der Insel stammt vom phönizischen Wort „korsai" ab, was „von Wäldern bedeckt" bedeutet, die Griechen gaben ihr den Namen „Kalliste", was soviel wie „Die Schöne" bedeutet.
Geografie und Natur: Korsika ist 183 km lang und 83 km breit, wegen ihrer hohen Berge wird die Insel auch „Gebirge im Meer" genannt. Über 85 % der Inselfläche sind Bergland, über 50 Gipfel sind höher als 2000 m, nur im Osten gibt es einen maximal 10 km breiten Streifen Flachland. Der höchste Berg ist mit 2706 m der Monte Cinto. Mit rund 8700 km² ist Korsika nach Sizilien, Sardinien und Zypern die viertgrößte Insel des Mittelmeeres.
Bevölkerung und Verwaltung: Im Jahr 2012 hatte Korsika 316 000 Einwohner. Die Geburtenrate ist niedrig und liegt weit unter dem französischen Durchschnitt. Die Insel gliedert sich in zwei Verwaltungsbezirke, in das Département Haute-Corse mit der Hauptstadt Bastia und das Département Corse-du-Sud mit Ajaccio als Hauptstadt, die gleichzeitig Hauptstadt Korsikas ist. Etwa 40 % der Bevölkerung leben in und um diese beiden größten Städte, der Rest der Insel ist äußerst dünn besiedelt, die Dörfer im Inselinneren leiden seit Jahrzehnten unter Entvölkerung.
Wirtschaft und Tourismus: Die Landwirtschaft spielt heute nur noch eine untergeordnete Rolle, ungefähr 70 % der Arbeitsplätze befinden sich im Dienstleistungssektor, davon rund die Hälfte im Tourismus. Im Sommer verdoppelt sich die Einwohnerzahl, und drei Viertel der Touristen sind Festlandfranzosen. Weite Teile der Insel sind wegen der hohen Berge und der Angst der Korsen vor einer „Balearisierung" relativ wenig touristisch erschlossen.
Sprache: Französisch ist Amtssprache, dominierende Alltags- und Mediensprache auf der Insel, doch das Korsische erlebt seit den 1970er-Jahren eine große Renaissance und ist mittlerweile auch als Regionalsprache offiziell anerkannt. Ungefähr ein Drittel der Bevölkerung beherrscht Korsisch, das verschiedene Dialekte hat und dem Italienischen ähnelt.

Durch Cerviones Gassen kann man in aller Ruhe bummeln.

Authentisches Kunsthandwerk in Corte

Info

Geschichte

Um 6600 v. Chr.: Der älteste Knochenfund der Insel ist das Skelett der „Dame von Bonifacio". Die ältesten Siedlungsspuren sind noch rund 2000 Jahre älter.
Ab 3500 v. Chr.: Zahlreiche Dolmen und Menhire sind Zeugen der Megalithkultur.
2000–800 v. Chr.: Menhirstatuen entstehen, Hochburg der Statuenkunst wird Filitosa. Torreaner siedeln sich im Süden an und errichten Turmbauten. Später verlieren sich die Spuren der Torreaner wieder.
565 v. Chr.: Griechen gründen an der Ostküste den Handelsplatz Alaia (Aléria).
Ab 259 v. Chr.: Die Römer brechen die griechische Vorherrschaft, kolonisieren die Insel, Aléria entwickelt sich zur blühenden Stadt.
3. Jh.: Ausbreitung des Christentums.
5.–11. Jh.: Überfälle von Wandalen, Ostgoten, Mauren und Sarazenen.
1077–1284: Pisa übernimmt die Herrschaft über die Insel, Mauren und Sarazenen werden besiegt, Beginn einer friedlicheren Epoche.
1284: Nach der Seeschlacht von Meloria fällt Korsika an Genua – für fast 500 Jahre.
1729–1769: Aufstände gegen die genuesische Herrschaft und Unabhängigkeitskrieg.
1755–1769: Korsische Unabhängigkeit unter Pasquale Paoli. Corte wird Hauptstadt, Gründung der Universität, umfangreiche Reformen einschließlich einer Verfassung.
1769: Die Franzosen schlagen die Korsen bei Ponte Nuovo. Paoli geht ins englische Exil. Napoleon wird in Ajaccio geboren (15. August).
1789: Korsika wird Teil Frankreichs und zum französischen Département.
1811: Napoleon ernennt Ajaccio zur Hauptstadt der Insel.
1914–1918: Von 100 000 rekrutierten Korsen fallen 14 000 im Ersten Weltkrieg, ungefähr die gleiche Anzahl wird verwundet. Der Verlust führt zum Verfall der Landwirtschaft, es folgt eine Auswanderungswelle.
1942–1943: Korsika wird von italienischen und deutschen Truppen besetzt, doch bald darauf als erster Teil Frankreichs befreit.
1960er-Jahre: Algerienfranzosen werden in der nun malariafreien Ostebene angesiedelt.
1970er-Jahre: Anschläge von Autonomiegruppen gegen Investoren und Spekulanten.
1976: Gründung der Front de Libération National Corse (FlNC). Aufteilung Korsikas in die Départements Nord und Süd.
1982: Korsika erhält ein eigenes Regionalparlament, die Assemblée de Corse. Wiedereröffnung der Universität Corte.
1983: Verbot der FLNC.
1998: Mord am Präfekten Claude Erignac.
2004: Bei den Wahlen zur Assemblée territoriale unterliegen die Nationalisten.
2007: Yvan Colonna wird für die Ermordung Claude Erignacs zu „lebenslang" verurteilt.
2011/2012: Staudammbau am Rizzanese trotz Protesten von Naturschützern.
2014: Die FLNC legt offiziell die Waffen nieder – ob es künftig still um den Unabhängigkeitskampf wird, bleibt abzuwarten.

derwegen im Inselinneren. Schilder am Wegesrand mit der Aufschrift **Chambres d'Hôtes** weisen auf Privatzimmer hin.
Infos zu allen privaten Unterkünften unter www.gites-corsica.com und www.corsica.net, außerdem verschickt Atout France eine Broschüre mit Unterkunftsadressen.
Einige Hotelempfehlungen stehen im Infoteil des jeweiligen Kapitels, sie sind unabhängig von ihren Sternen in drei Preiskategorien eingeteilt. Die Preise für Hotelzimmer schwanken saisonal ziemlich stark. In den Übernachtungspreisen ist das Frühstück meistens noch nicht enthalten.

Internet

www.visit-corsica.com: Offizielle Seite des Tourismusbüros (auch auf Deutsch).
www.corsica.net: Auf der Seite von Corse-Web sind Informationen zu Unterkünften, Regionen und Städten sowie zu Aktivitäten zu finden (auch auf Deutsch).
www.paradisu.de: Sehr umfangreiche private Website aus der Schweiz, neben Praktischem liest man viel über Land und Leute.
www.toute-la-corse.com: Website mit praktischen Infos, auch zu Geschichte, Wirtschaft, Kunst und Kultur (auch auf Deutsch).
blog.vivacorsica.com: Ableger von Corsica Ferries mit Infos zu Tickets, Aktivitäten etc.

Kinder

Korsika ist ein ideales Urlaubsziel. Vor allem die flachen Sandstrände an der Ostküste und in der Bucht von Calvi sind familienfreundlich. Für größere Kinder ist das Angebot an Aktivitäten vielfältig: Aqua- und Abenteuerparks, Bootsausflüge, Wanderungen, der Schildkrötenpark A Cupulatta und viele Sportmöglichkeiten lassen keine Langeweile aufkommen. Längere Autofahrten oder gar Rundreisen sollte man sich wegen der extrem kurvigen Straßen allerdings gut überlegen – denn dann gibt es von den Rücksitzen schnell Protest. Auf Urlaub mit Kindern hat sich u.a. der Veranstalter Eurocamp spezialisiert (www.eurocamp.de).

Literatur

Prosper Mérimée: Mateo Falcone (Ditzingen, 1986). In dem Büchlein von 1829 geht es um Fortunato, den Sohn von Mateo Falcone, der als Kind Opfer des strengen korsischen Ehrbegriffs wird. Mérimée hat die Geschichte schon vor seiner Reise nach Korsika geschrieben.
Nicolas Michel: Emilies letzte Reise (Stuttgart, 2003). Schauplatz der Handlung ist Korsika. Die schöne Emilie ist tot. Warum musste sie sterben? Die Geschichte wird von ihrem Ende aufgerollt, mit jedem Kapitel erfährt der Leser mehr von Emilies Lebensgeschichte.
Michael Kleeberg: Der König von Korsika (München, 2001). Theodor von Neuhoff ist als Baron, Hochstapler, Geheimagent und kaiserli-

Info

Reisedaten

Flug von Deutschland
Hamburg – Calvi ab 100 Euro (einfach);
Berlin – Bastia ab 70 Euro (einfach)
Reisepapiere
Personalausweis oder Reisepass bzw. Identitätskarte (Schweiz)
Für Autofahrer nationaler Führerschein und Kraftfahrzeugschein, die internationale Grüne Versicherungskarte ist empfehlenswert
Devisen
Korsika gehört zur Euro-Zone
Mietwagen
ab 40 Euro pro Tag (unbegrenzte Kilometer, Versicherung)
Benzin
1 Liter Super ca. 1,50 Euro
Hotel
DZ/Frühstück: Mittelklasse 80–150 Euro
Menü à la carte
Drei Gänge ohne Wein pro Person ab 20 Euro
Ortszeit
MEZ/MSZ

cher Gesandter in ganz Europa unterwegs und lässt sich schließlich zum einzigen König Korsikas krönen – und scheitert bald darauf an Selbstüberschätzung.
Madge Swindells: Die Frau aus Korsika (Berg. Gladbach, 2002). Die überaus attraktive korsische Witwe Sybilia Rocca erschießt ihren Schwiegervater – und schweigt hartnäckig über ihr Motiv. Bei den Nachforschungen allerdings kommt ein grausames Verbrechen ans Tageslicht.

Öffnungszeiten

Auf Korsika gibt es keine geregelten Öffnungszeiten, sie variieren je nach Saison. Bis auf einige wenige Ausnahmen (große Supermärkte, Touristenorte) ist den Korsen ihre Siesta heilig, deshalb schließen die Geschäfte von 12.00 bis 14.00/14.30 Uhr. Auch am Montagmorgen und an den Brückentagen ist fast alles geschlossen. Fallen offizielle Feiertage auf einen Dienstag oder Donnerstag, dann sind der Montag oder Freitag ein Brückentag. Banken und Behörden haben in der Regel Mo.–Fr. 9.00–12.00 und 14.00–16.00 Uhr geöffnet, große Supermärkte Mo.–Sa. 8.00/9.00–19.00/20.00 Uhr, im Juli/August tgl.

Post

Postämter sind in größeren Städten Mo.–Fr. 9.00–18.00, Sa. bis 12.00 Uhr, sonst Mo.–Fr. 9.00–12.00 und 14.00–16.00, Sa. 9.00–12.00 Uhr geöffnet. Briefmarken gibt es auf Postämtern und auch in Tabakgeschäften und Kiosken zu kaufen. Ein Brief innerhalb Frankreichs kostet 0,58 €, nach Deutschland werden 0,75 € verlangt. Die gelben Briefkästen haben einen Einwurfschlitz für lokale Sendungen und einen für alle anderen Destinationen („Autres Destinations").

Reisezeit

Rund zwei Drittel der Urlauber kommen während der Ferien in Deutschland, Frankreich und Italien, also im Juli und August, nach Korsika. Das Positive: Zu dieser Zeit sind alle touristischen Angebote geöffnet, das Wasser ist warm und die Sonne scheint von einem wolkenlosen Himmel. Auch im Hochgebirge kann man gut wandern. Das Negative: Es ist die teuerste Reisezeit, Campingplätze, Berghütten und alle anderen Unterkünfte sind so gut wie ausgebucht, die Strände teilweise sehr voll. Wer mehr Ruhe sucht, kommt besser im Juni oder September, dann ist es deutlich leerer und billiger und das Wetter immer noch schön. Mai und Oktober sind schon Nebensaison, das Angebot ist deutlich eingeschränkt, aber immer noch ausreichend. An den Stränden ist man dann oft fast alleine. Im Hochgebirge kann es selbst im Juni und September unangenehm kalt werden, Wanderungen dort erfordern deshalb eine gute Ausrüstung.

Restaurants

Gutes Essen gehört zu Korsika wie die herrlichen Strände und das schöne Wetter. In fast jedem Ort gibt es ein Restaurant, das ein traditionelles Drei-Gänge-Menü anbietet. Mittags geht man von 12.00–14.30 Uhr und abends ab 19.00 Uhr essen. In der Regel wartet man, bis der Kellner einem einen Tisch zuweist. Obwohl auf den Speisekarten „service compris" steht, ist es durchaus üblich, ein Trinkgeld auf dem Tisch liegen zu lassen. Restaurantempfehlungen sind im Infoteil des jeweiligen Kapitels aufgeführt.

Preiskategorien

€ € €	Menü	über 40	€
€ €	Menü	20 – 40	€
€	Menü	bis 20	€

Sicherheit

Sprengstoffanschläge sind mittlerweile selten, sie richten sich zudem nicht gegen Touristen. Größer ist das Risiko, auf den engen Straßen in einen Unfall verwickelt zu werden. Ansonsten gelten die üblichen Vorsichtsmaßnahmen: Keine Wertgegenstände im Auto lassen und in Unterkünften Türen und Fenster verschließen.

Souvenirs

Beliebt sind kulinarische Köstlichkeiten wie Wurst, Schinken, Honig, Marmelade, Käse, Wein, Likör und Olivenöl. Fündig wird man auf Märkten oder in einer Casa di l'Artigiani. Wer hochwertiges Kunsthandwerk sucht, sollte das Dorf Pigna besuchen oder in der Balagne die Straße der Kunsthandwerker abfahren.

Die zentral gelegene Place Gaffori in Corte trägt den Namen eines Freiheitskämpfers.

Info

Wetterdaten

	TAGES-TEMP. MAX.	TAGES-TEMP. MIN.	WASSER-TEMP.	TAGE MIT NIEDER-SCHLAG	SONNEN-STUNDEN PRO TAG
Januar	13°	7°	13°	8	4
Februar	13°	7°	13°	7	5
März	14°	8°	14°	6	6
April	16°	11°	14°	7	8
Mai	18°	14°	17°	6	10
Juni	21°	17°	22°	2	11
Juli	27°	21°	23°	1	12
August	29°	23°	23°	1	11
September	29°	22°	22°	4	9
Oktober	25°	19°	18°	7	7
November	20°	15°	15°	9	5
Dezember	16°	12°	15°	9	4

Sport

Korsika ist ein Paradies für Aktivurlauber, denn es gibt praktisch keine Sommer-Outdoorsportart, die man hier nicht betreiben kann.
Golf kann man auf fünf Plätzen (Bastia, Bonifacio, Porticcio, Porto-Vecchio und Speloncato) spielen. Der 18-Loch-Platz in Bonifacio (Golfe de Sperone) gilt als einer der schönsten weltweit.
Alle **Klettersteige (Via Ferrata)** auf Korsika sind in privater Hand, man kann also nicht wie in den Alpen einfach losgehen. Der Betreiber stellt die Ausrüstung, gibt eine Einführung und haftet im Falle eines Unfalls. So vorbereitet, können auch Anfänger zu einer Klettertour aufbrechen. Gut geeignet für Anfänger sind die Klettersteige im Asco-Tal und am Solenzara-Fluss. Berühmt, aber nur für erfahrene, konditionsstarke, gut gerüstete **Wanderer** mit rund zwei Wochen Zeit geeignet ist die GR 20 (s. S. 76).
Ideal zum **Radfahren** sind Herbst und Frühjahr. In fast jedem Touristenort kann man Fahrräder mieten. Allerdings ist Korsika ein anspruchsvolles Radrevier. Vor allem an der Westküste und im Inselinneren braucht man eine gute Kondition. Weitere Infos bei Vivre la Corse en Velo (Résidence Napoléon, 23, Cours Général Leclerc, 20000 Ajaccio, Tel. 04 95 21 96 94).
Reitschulen (Centres Équestres) bieten Strandausritte und mehrtägige Touren an. Weitere Infos unter: www.chevalencorse.com.

Nicht nur an den Küsten, sondern auch im Inselinneren gibt es unzählige Möglichkeiten für **Wassersport:** Im Frühjahr führen die Flüsse noch ausreichend Wasser, und dann werden Asco, Golo, Tavignano oder Rizzanese zu sehr gefragten Wildwasserrevieren. Eine immer beliebter werdende Sportart ist Canyoning, eine Mischung aus Klettern, Abseilen und Sprüngen in Wildbäche – alles natürlich unter fachkundiger Anleitung.
Surfer haben ihr Revier praktisch rund um die Insel, Anfänger sammeln erste Erfahrungen an der Ostküste. Eine Auflistung aller Tauchklubs bietet die Website www.plongee-corse.org.

Telefon

Feuerwehr: 18 **Polizei:** 17
Unfall, Krankenwagen: 15
Französische Telefonnummern sind zehnstellig, auf Korsika beginnen sie mit 04 (für Südfrankreich), dann folgt 95 (für die Insel Korsika). Für Gespräche auf Korsika sowie von und zum französischen Festland muss die zehnstellige Telefonnummer gewählt werden. Die Landesvorwahl für ganz Frankreich einschließlich Korsika ist 0033. Telefonkarten (Télécartes) zu 50 oder 120 Einheiten für Telefonzellen gibt es in Postämtern, Tabakläden und Supermärkten zu erstehen.

In Rottönen schimmert das Gestein der Calanche am Golfe de Porto und kontrastiert mit dem tiefen Blau des Meeres.

Register

Fette Ziffern verweisen auf Abbildungen

Impressum

3. Auflage 2016

Verlag: DuMont Reiseverlag, Postfach 3151, 73751 Ostfildern, Tel. 0711/4502-0, Fax 0711/4502-135, www.dumontreise.de
Geschäftsführer: Dr. Thomas Brinkmann, Dr. Stephanie Mair-Huydts
Programmleitung: Birgit Borowski
Redaktion: Annegret Gellweiler, red.sign GbR
Text: Dr. Christian Nowak
Exklusiv-Fotografie: Elan Fleisher
Titelbild: laif/Le Figaro Magazine
Zusätzliches Bildmaterial: S. 5 u. Getty Images/F. Bean, S. 7 M. DuMont Bildarchiv/Th. P. Widmann, S. 8/9 Bildagentur Huber/R. Gerth, S. 10/11 LOOK-foto/K. Wothe, S. 20 l. mauritius images/Alamy, S. 20 r. o. Shutterstock/Nearbirds, S. 20 r. u. LOOK-foto/age fotostock, S. 21 o. l. und o. r. mauritius images/Alamy, S. 21 u. laif/hemis.fr/J.-D. Sudres, S. 24 u. r. laif/Jonkmanns, S. 27 u., 30/31 und 39 DuMont Bildarchiv/Th. P. Widmann, S. 71 o. r. DuMont Bildarchiv/Th. P. Widmann, S. 82 o. und u. DuMont Bildarchiv/Th. P. Widmann, S. 84 o. Agentur Bilderberg/Photononstop, S. 85 l. DuMont Bildarchiv/Th. P. Widmann, S. 88 Getty Images/AFP/Stephane de Sakutin, S. 89 laif/Le Figaro/Sebastien Soriano, S. 90 l. LOOK-foto/Th. P. Widmann, S. 90 r. picture-alliance/Bildagentur-online, S. 91 o. LOOK-foto/K. Wothe, S. 91 M. Shutterstock/Nearbirds, S. 91 u. l. mauritius images/Alamy, S. 91 u. r. Glow Images/imagebroker, S. 94 l. laif/hemis.fr/C. Moirenc, S. 95 o. Getty Images/F. Bean, S. 95 u. Christian Nowak, S. 104/105 und 109 DuMont Bildarchiv/Th. P. Widmann, S. 114 l. mauritius images/imagebroker/P. Giovannini, S. 114 r. mauritius images/Alamy, S. 115 o. und u. r. mauritius images/Alamy, S. 115 u. l. Shutterstock/Nearbirds, S. 116 l. LOOK-foto/Elan Fleisher, S. 116 r. o. und r. u. DuMont Bildarchiv/Th. P. Widmann
Textquellen: René Goscinny/Albert Uderzo, Asterix auf Korsika, 6. Aufl., Hamburg 1986 (S. 88/89); Prosper Mérimée, Colomba, Ditzingen 2008, S. 21 (S. 25), S. 58 (S. 86), Prosper Mérimée, Mateo Falcone, Ditzingen 2010, S. 4 (S. 99).
Grafische Konzeption, Art Direktion, Layout: fpm factor product münchen
Cover Gestaltung: Neue Gestaltung, Berlin
Kartografie: © MAIRDUMONT GmbH & Co. KG, Ostfildern
Kartografie Lawall (Karten für „Unsere Favoriten")
DuMont Bildarchiv: Marco-Polo-Straße 1, 73760 Ostfildern, Tel. 0711/4502-266, Fax 0711/4502-1006, bildarchiv@mairdumont.com

Anzeigenvermarktung: MAIRDUMONT MEDIA, Tel. 0711/4502-333, Fax 0711/4502-1012, media@mairdumont.com, http://media.mairdumont.com
Vertrieb Zeitschriftenhandel: PARTNER Medienservices GmbH, Postfach 810420, 70521 Stuttgart, Tel. 0711/7252-212, Fax 0711/7252-320
Vertrieb Abonnement: Leserservice DuMont Bildatlas, Zenit Pressevertrieb GmbH, Postfach 810640, 70523 Stuttgart, Tel. 0711/7252-265, Fax 0711/7252-333, dumontreise@zenit-presse.de
Vertrieb Buchhandel und Einzelhefte: MAIRDUMONT GmbH & Co KG, Marco-Polo-Straße 1, 73760 Ostfildern, Tel. 0711/4502-0, Fax 0711/4502-340
Reproduktionen: PPP Pre Print Partner GmbH & Co. KG, Köln
Druck und buchbinderische Verarbeitung: NEEF + STUMME premium printing GmbH & Co. KG, Wittingen, Printed in Germany

FSC® www.fsc.org MIX Papier aus verantwortungsvollen Quellen FSC® C001857

Lieferbare Ausgaben

Die Kanaren sind vom Klima begünstigt – beste Voraussetzung für herrliche Strandtage.

Hamburgs Herz pocht an Elbe und Alster.

Hamburg

Deutschlands Tor zur Welt
Der Hafen ist das Aushängeschild der Hansestadt, aber Hamburg hat natürlich noch weit mehr zu bieten, wir präsentieren alle Highlights.

Urbane Visionen
Aus alten Hafenvierteln werden trendige Stadtteile. Erleben Sie das „neue" Hamburg.

Shopping hanseatisch
Hamburger Trend-Labels und Traditionshäuser, hier kaufen Sie zwar nicht günstig, aber gut!

Teneriffa
La Palma · La Gomera · El Hierro

Paradiesische Inseln
Sie wissen noch nicht wohin? Wir stellen Ihnen die Westkanaren ausführlich in Bild und Wort vor.

Exklusiv wohnen
Warum sich nicht mal etwas Besonderes gönnen, die besten Adressen auf Teneriffa und den kleinen Kanareninseln.

Wandern mit Aussicht
Unsere Favoriten – die neun erlebnisreichsten Wanderungen auf den Kanaren.

www.dumontreise.de

DEUTSCHLAND
119 Allgäu
092 Altmühltal
105 Bayerischer Wald
120 Berlin
162 Bodensee
121 Brandenburg
175 Chiemgau, Berchtesg. Land
013 Dresden, Sächs. Schweiz
152 Eifel, Aachen
157 Elbe und Weser, Bremen
125 Erzgebirge, Vogtland
168 Franken
020 Frankfurt, Rhein-Main
059 Fränkische Schweiz
112 Freiburg, Basel, Colmar
028 Hamburg
026 Hannover zw. Harz u. Heide
042 Harz
062 Hunsrück, Naheland, Rheinhessen
023 Leipzig, Halle, Magdeburg
131 Lüneburger Heide, Wendland
133 Mecklenburgische Seen
038 Mecklenburg-Vorpommern
033 Mosel
114 München
047 Münsterland
015 Nordseeküste Schleswig-Holstein
006 Oberbayern
161 Odenwald, Heidelberg
035 Osnabrücker Land, Emsland
002 Ostfriesland, Oldenb. Land
164 Ostseeküste Mecklenburg-Vorpommern
154 Ostseeküste Schleswig-Holstein
136 Pfalz
040 Rhein zw. Köln und Mainz
079 Rhön
116 Rügen, Usedom, Hiddensee
137 Ruhrgebiet
149 Saarland
080 Sachsen
081 Sachsen-Anhalt
117 Sauerland, Siegerland
159 Schwarzwald Norden
045 Schwarzwald Süden
018 Spreewald, Lausitz
008 Stuttgart, Schwäbische Alb
141 Sylt, Amrum, Föhr
142 Teutoburger Wald
170 Thüringen
037 Weserbergland
173 Wiesbaden, Rheingau

BENELUX
156 Amsterdam
011 Flandern, Brüssel
070 Niederlande

FRANKREICH
055 Bretagne
021 Côte d'Azur
032 Elsass
009 Frankreich Süden Languedoc-Roussillon
019 Korsika
071 Normandie
001 Paris
115 Provence

GROSSBRITANNIEN/IRLAND
063 Irland
130 London
138 Schottland
030 Südengland

ITALIEN/MALTA/KROATIEN
017 Gardasee, Trentino
110 Golf von Neapel, Kampanien
163 Istrien, Kvarner Bucht
128 Italien, Norden
005 Kroatische Adriaküste
167 Malta
155 Oberitalienische Seen
158 Piemont, Turin
014 Rom
165 Sardinien
003 Sizilien
140 Südtirol
039 Toskana
091 Venedig, Venetien

GRIECHENLAND/ZYPERN/TÜRKEI
034 Istanbul
016 Kreta
176 Türkische Südküste, Antalya
148 Zypern

MITTEL- UND OSTEUROPA
104 Baltikum
122 Bulgarien
094 Danzig, Ostsee, Masuren
169 Krakau, Breslau, Polen Süden
044 Prag
085 St. Petersburg
145 Tschechien
146 Ungarn

ÖSTERREICH/SCHWEIZ
129 Kärnten
004 Salzburger Land
139 Schweiz
144 Tirol
147 Wien

SPANIEN/PORTUGAL
043 Algarve
093 Andalusien
150 Barcelona
108 Costa Brava
025 Gran Canaria, Fuerteventura, Lanzarote
172 Kanarische Inseln
124 Madeira
174 Mallorca
007 Spanien Norden, Jakobsweg
118 Teneriffa, La Palma, La Gomera , El Hierro

SKANDINAVIEN/NORDEUROPA
166 Dänemark
153 Hurtigruten
029 Island
099 Norwegen Norden
072 Norwegen Süden
151 Schweden Süden, Stockholm

LÄNDERÜBERGREIFENDE BÄNDE
123 Donau – Von der Quelle bis zur Mündung
112 Freiburg, Basel, Colmar

AUSSEREUROPÄISCHE ZIELE
010 Ägypten
053 Australien Osten, Sydney
109 Australien Süden, Westen
107 China
024 Dubai, Abu Dhabi, VAE
160 Florida
036 Indien
027 Israel
111 Kalifornien
031 Kanada Osten
064 Kanada Westen
171 Kuba
022 Namibia
068 Neuseeland
041 New York
048 Südafrika
012 Thailand
046 Vietnam